8184. **Tableau de piété** (Le) envers les captifs ou abrégé contein. av. plus remarques, deux relations de 3 rédemptions de captifs faites en Afrique, aux villes et royaumes de Tunis et d'Alger en Barbarie, és années 1666 et 1667, par les religieux de l'ordre de la très sainte Trinité (apellez vulgairement à Paris, Maturins), des quatre provinces qui composent leur chapitre général en France, ensemble le martyre du vénérable frère Pierre de la Conception, religieux du mesme ordre, souffert aud. Alger, le 19 juin de l'année dernière 1667 (par le Rév. P. Guill. Basire, ministre du couvent de Chaalons). Chaalons, J. Bouchard, 1668. Pet. in-8, portr. de Jean de Matha gravé par Langlois, dem.-rel., mar. rouge. 20 fr.

Impression châlonnaise rare. — Elle n'est citée par M. Lhote que d'après l'exemplaire de la Bibliothèque de Châlons.

LE TABLEAV DE PIETÉ ENVERS LES CAPTIFS,

OV

Abregé contenant, avec plusieurs remarques, deux Relations de trois Redemptions de Captifs faites en Afrique, aux Villes & Royaumes de Tunis & d'Alger en Barbarie, és années 1666. & 1667. par les Religieux de l'Ordre de la Tres-Sainte Trinité (apellez vulgairement à Paris, Maturins,) des quatre Provinces qui composent leur Chapitre General en France.

ENSEMBLE

Le Martyre du Venerable Frere Pierre de la Conception, Religieux du mesme Ordre, souffert audit Alger, le 19. Iuin de l'année derniere 1667.

A CHAALONS,
Chez IEAN BOVCHARD, Libraire & Imprimeur,
Avec Permission des Superieurs. 1668.

A MESSIEVRS ET PIEVX CONFRERES Seculiers, Sœurs & Bien-faicteurs de l'Archi-confrerie de l'Ordre de la Tres-Sainte Trinité, établie dans les Provinces de France pour la Redemption des Captifs.

Messieurs,

Vovs auriez certainement iuste suiet, ou de nous accuser d'ingratitude, laquelle se punissoit autrefois de mort chez les Atheniens, ou de croire que nous avons oublié les régles de l'humanité en Barbarie, & qu'elle y est (pour ainsi dire) demeurée Captive, si, ayant des-ja laissé, comme insensiblement, écouler plusieurs mois depuis nostre retour de Tunis & d'Alger, à goûter vn peu à loisir le doux & agreable repos de la retraite dans nos solitudes Religieuses, apres deux ans, assez ennuyeux, passez à voyager en ce Pays-là pour y faire trois Redemptions de nos Freres Chrestiens, Captifs entre les mains des Turcs & Ennemis jurez de nostre Foy, nous ne mettions au moins presentement la main à la plume, pour vous témoigner, au nom de tout nostre Ordre, nos gratitudes & reconnoissances

ã ij

d'vne infinité de Bien-faits, dont nous vous sommes redevables avec tous ces mesmes Captifs, que nous avons remis en liberté & délivrez d'Esclavage.

Aussi est-ce le devoir, auquel nostre Reverendissime Pere General & Superieur Suprême de tout nostre Ordre, nous engagea indispensablement, incontinent apres que nous luy eusmes rendu compte de la Commission de laquelle il nous avoit honorez pour l'accomplissement de cette Sainte Negotiation.

Car à vray dire, Messieurs, nous sommes obligez, bien que vous ayez beaucoup de peine à le souffrir, de publier par toute la France, que vous meritez dignement vous-mesmes le Titre Glorieux de Redempteurs de Captifs, pour avoir avantageusement cooperé avec nostre Ordre, tant par vos pieuses Liberalitez, que par vos Saintes Prieres, au Rachapt de tous ceux que nous avons (Dieu mercy) ramenez en leur chere Patrie, apres avoir rompu les fers & les chaisnes de leur tres-rude & insuportable Servitude. Et dans le souvenir de tant de bons Accueils, si magnifiques & pompeux, que vous nous avez faits dans vos belles Villes, y passans avec nos cheres Troupes affranchies, lesquelles nous ramenions au Pays de leur naissance, nous devons asseurer (sans crainte d'offenser vostre modestie) que vous nous y avez receus, ainsi que receurent les Pieux Galates leur Grand Apostre Saint Paul, c'est à dire, Nous, comme des Anges; & nos Libres-Captifs, comme IESVS-CHRIST méme: *Sicut Angelos Dei excepistis nos; Captiuos autem, sicut* CHRISTVM IESVM; *& si fieri potuisset oculos vestros eruissetis & dedissetis nobis.* Car, en effet, pour nous faire paroître tous

Angéliques, ne vous serviez-vous pas en ces Royales & Triomphantes Receptions, de certaines Compagnies de petits Anges incarnez, beaux comme l'Aurore & brillans comme autant de petits Soleils sublunaires, qui à nostre place, conduisoient processionnellement nos vrays Israëlites en vos Eglises Cathedrales richement ornées, afin d'y prester hommage au Soleil de Iustice, nostre Divin Redempteur, pour la Liberté corporelle & spirituelle qu'ils avoient recouvrée, dont il estoit l'Auteur & premiere Cause?

Comme pour donner à connoître à tout nostre Ordre & à nous, par ces Anges terrestres qui menoient nos Captifs, que des hommes, tels que nous sommes, à qui l'on fait entreprendre l'Office de Redempteurs de Captifs, & lesquels on envoye pour delivrer le Peuple de Dieu des mains cruelles des Turcs & Herodes Barbares, devroient toûjours estre doüez des excellentes qualitez de tous les Anges des trois Celestes Hierarchies, & que l'on n'en devroit jamais députer aucuns (s'il estoit possible) pour la fonction de ces toutes Divines Ambassades, qui fussent moins parfaits & accomplis.

Quant à nos Captifs, ne les auez-vous pas aussi receus de mesme que vous auriez receu nostre Divin Sauveur, qui a esté luy-méme Esclave comme eux toute sa vie en ce bas Monde, pour nous acquerir, par ce moyen, la vraye Liberté; puisque les considerans ainsi que ses Images vivantes, vous les faisiez servir & assister (au grand estonnement de tout le Peuple) par des Trouppes d'Enfans superbement parez en Anges; Pour memoire sans doute des mille millions & de ce grand nombre d'Anges, que la

Prophete Daniel n'a pû nombrer, lesquels, suivant sa remarque, servoient & assistoient ce Verbe Eternel, (au sentiment de Saint Hierôme, avant l'accomplissement du Mystere de son Incarnation, & qui le servoient aussi & marchoient à sa suite, lorsque, dans la plenitude du temps, il estoit Captif sûr terre entant qu'Homme, pour captiver la Captivité mesme? Il est donc vray de dire de vous, ce que l'Apostre disoit de ses Fideles Galates en son endroit; *Sicut Angelus Dei excepistis nos: Captivos autem, sicut* CHRISTVM IESVM.

Mais, parceque nous connoissons assez, Messieurs, que vous desirez autre chose de nous, que des treshumbles Remerciments & Actions de graces pour tant de bien-faits receus de vostre Pieté, & que vous ne vous payez pas seulement des Offres de nos plus pures & franches volontez, accompagnées de toutes les plus sinceres affections qui se puissent attendre des Ames Religieuses, non plus que des Protestations d'en conserver inviolablement le souvenir ; (car tout cela est en effet trop foible, pour balancer au poids de vos merites) aprés avoir long-temps medité dans nos Cellules & retraites depuis nostre retour, quelles autres démonstrations de nos devoirs nous vous pourrions donner ; nous avons enfin résolu, de vous consacrer ce Livret, lequel nous est tombé des mains, & qui porte pour son Titre : LE TABLEAV DE PIETE' ENVERS LES CAPTIFS.

C'est vn Ouvrage qui vous apartient à bon droit, si l'on a égard à la vertu qu'il represente, & laquelle on y envisage; mais lequel à la verité est bien le nostre, si l'on considere d'ailleurs tous ses defauts &

imperfections à repréſenter naïvement ce Vertueux Objet; car il ſe trouvera, que bien loin d'eſtre vn Chef-d'œuvre, ce n'eſt qu'vne petite piece aſſez mal ébauchée, auec vn pinceau fort groſſier & des couleurs bien paſles.

Neanmoins s'il vous plaiſoit, Meſſieurs, d'y jetter vn peu les yeux à voſtre loiſir, vous y pourriez aſſez diſtinctement apercevoir le Zele incroïable des Anciens Fidéles & des premiers Chreſtiens tant en l'Ancien Teſtament, qu'au Nouveau, pour le ſoulagement & la délivrance de leurs freres Captifs entre les Ennemis de la Foy ; d'où vous remarqueriez que la Captivité corporelle n'eſt pas moins ancienne que la ſpirituelle, l'vne & l'autre eſtant vn mal-heureux effet du peché, qui eſt entré au monde par le Premier de tous les hommes. Vous y verriez en ſuite la Naiſſance pernicieuſe & le progrez contagieux des Heretiques Arriens & des ſuperbes Mahometans, infames Ancêtres des meſmes Corſaires & Pirates de Barbarie, qui perſecutent maintenant les Chrétiens de toutes les Contrées du monde, & en reduiſent vn nombre tres-grand ſous le joug d'vne inſupportable Captivité. Vous verriez comme preſque tous nos Monarques & Princes de France, divinément ſuſcitez, ont glorieuſement moiſſonné par leurs beaux faits & Guerres Saintes vne infinité de Palmes & de Lauriers ſur ces Tyrans ; Comme il a plû à la Tres-Sainte Trinité, par vn trait tout particulier & extraordinaire de ſa Miſericorde, reveler miraculeuſement noſtre Saint Ordre pour la conſolation & le Rachapt des Captifs; Comme il s'eſt auſſi toſt après établi par toute la Terre, à la faveur des Treſors inépuiſables de graces & de biens spirituels qui luy ont esté concedez de temps en temps par le Saint Siege Apostolique, tant pour luy que pour ses Confreres & Bien-faiteurs, dont vous estes iustement du nombre. Vous verriez les copieuses Redemptions de Captifs, qu'il a faites depuis son Institution admirable jusqu'à cette heure, specialement les trois dernieres, qui sont (ainsi que nous avons dit) autant de témoignages & de preuves de vostre insigne Charité. Vous verriez enfin comme les Chrestiens sont pris Captifs par les Turcs & les Barbares ; vne partie des miseres & traverses qu'ils endurent en leur servitude ; & les moyens qu'ils ont pour en sortir, dont le plus asseuré, c'est le Rachat que nostre Ordre a accoutumé de faire faire.

Nous vous supplions, Messieurs, de ne pas refuser à ce Sommaire le bon accueil dont vous nous avez honorez nous mémes, passans par vos Pieuses Villes avec nos Captifs, selon le témoignage que nous en venons de rendre à la verité ; & pour n'en point blâmer le dessein, de considerer, que nous ne vous le presentons pas seulement soûs ce Titre de TABLEAV DE PIETÉ ENVERS LES CAPTIFS, pour signaler nostre Reconnoissance en vostre endroit par quelques éloges de vostre Pieté, mais aussi afin d'entretenir constamment vostre devotion, & mesmes, s'il est possible, d'exciter vostre Zele Charitable à se faire encore davantage paroitre pour la délivrance des pauvres Captifs ; le tout, à la plus grande Gloire de Dieu.

Nous conjurons aussi en nostre Seigneur tous les Pieux Lecteurs, de se laisser toucher de compassion & de pitié envers ces pauvres Affligez, &, à vostre exemple, de contribuer avec nostre Ordre de leurs

EPISTRE.

Aumônes pour les délivrer, attendu qu'il en a besoin, & que le meilleur usage qu'ils sçauroient jamais faire de leurs biens de fortune, c'est de les employer au Rachapt non seulement des corps, mais encore des mesmes Ames, pour qui IESVS-CHRIST a donné tout son Sang, lesquelles, parmy ces Ennemis capitaux du Nom Chrétien, sont toûjours exposées aux dangers de faire naufrage en leur Salut.

Ainsi, ces Gens de bien participeront à l'honneur que vous avez d'estre Coadjuteurs de Dieu au Salut des Ames, se rendront dignes des Graces infinies qui vous sont accordées par le Saint Siege Apostolique, & de la mesme mesure qu'ils auront mesuré les Captifs en ce monde, de la même aussi le Iuste Iuge mesurera (suivant l'Escriture Sainte) leur récompense & la vostre au iour du Iugement; auquel, selon que Saint Gregoire l'asseure avec les autres Saints Peres & Docteurs de l'Eglise, celuy qui aura racheté vn Captif de sa Captivité, sera racheté & sauvé luy-mesme: *Qui redemerit Captivum de Captivitate, in die Iudicij redemptus & Salvus erit.* Et le Grand Saint Leon affirme pareillement, que tout ce que l'on donne ainsi pour la rançon des Captifs, ne se diminuë pas, mais qu'il s'augmente, & que ce qui aura esté donné par Charité pour eux, ne pourra jamais estre perdu auprés de Dieu. *Quicquid in pretium Captivorum impenditur, non minuitur, sed augetur; nec vnquam apud Deum perire poterit, quod fidelis benignitas erogarit.* Pratiquez donc de grace, Messieurs, vous & eux la PIETE' ENVERS LES CAPTIFS; mais que ce soit avec ferveur & perseverance; ainsi vous acheverez heureusement ce Tableau, car vous y mettrez la derniere main.

& participerez aux suffrages & biens spirituels de tout nostre Ordre, à nos vœux & prieres, que nous continüerons tousiours particulierement en qualité

MESSIEVRS,

de

Au Convent de la Trinité de Chaalons, le 15. Iuillet 1668.

Vos Tres-Affectionnez Serviteurs en Nostre Seigneur Frere Pierre Michelin, Ministre de Sylvelle ; Frere Guillaume Basire, Ministre de Chaalons : Frere Antoine Dachier, Ministre de Lens ; & Frere Victor Le Beau, Ministre de Meaux : Religieux ind. de l'Ordre de la Tres-Sainte Trinité, & Redemption des Captifs.

TABLE DES CHAPITRES
contenus en cet Abregé.

CHAPITRE PREMIER.

LA Pieté des Anciens Fideles & des premiers Chrestiens envers les Captifs, pag. 1.

II.

Pieté de Clovis, Roy de France ; & de Charles Martel, Duc des François ; & d'autres Roys & Princes François pour les Captifs & Chrestiens persecutez par les Arriens & Mahometans, pag. 8.

III.

L'Institution Miraculeuse de l'Ordre de la Tres-Sainte Trinité, & Redemption des Captifs, page 26.

IV.

L'Establissement & Fondation de l'Ordre de la Tres-Sainte Trinité & Redemption des Captifs, depuis son Institution jusques au temps present, page 35.

V.

Les graces & Privileges concedez tant à l'Ordre de la Tres-Sainte Trinité, qu'à la Confrerie & aux Bien-faiteurs d'iceluy, par le Saint Siege Apostolique en faveur de la Redemption des Captifs, depuis

Table des Chapitres.
le commencement dudit Ordre, jusqu'à cette heure, page 39.

VI.
Redemptions de Captifs faites depuis l'Institution de l'Ordre de la Tres-Sainte Trinité jusqu'à l'an 1666. page 45.

VII.
Relation des deux Redemptions faites à Tunis & en Alger l'année 1666. page 61.

Nostre depart de France page 63.
Nostre embarquement, page 92. *Nostre arriuée à Tunis*, page 109.

Nostre depart de Tunis, page 112. *Nostre depart de Marseille pour nostre retour a Paris* page 129. *Nostre arriuée à Paris*, page 136. *Attestation donnée aux Captifs retournans de Paris en leur Pays*, page 145.

VIII.
Relation de la derniere Redemtion de Captifs faite à Alger en 1667. page 149. *Nostre embarquement*, page 151. *Nostre arriuée à Alger*, page 156. *Nostre depart d'Alger*, page 159.

IX.
Comment les Chrestiens sont faits Captifs par les Turcs & les Barbares, page 167.

X.
Les miseres des pauvres Captifs en Barbarie, & le Martyre du Venerable Frere Pierre de la Conception, page 172. & 178.

Table des Chapitres.
XI.
Continuation des miseres que souffrent les Captifs.
XII.
Moyens aux Captifs pour sortir de leurs miseres.

Fin de la Table.

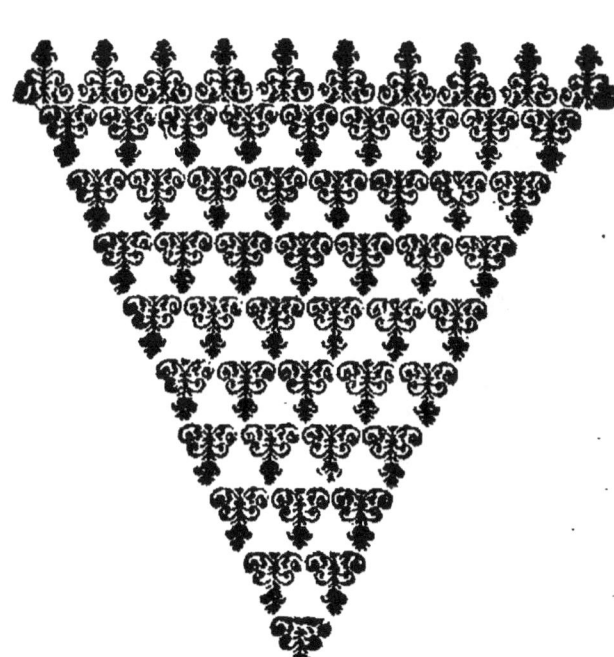

B. IOANNES DE MATA.

Nobilis Gallus, cum Beato Fœlice de Valois Anachoreta 1194 obyt. an. 1213

N. Langlois ex. · Cum Priuilegio Regis

APPROBATION ET PERMISSION
du Reverendissime Pere General.

NOUS FRERE PIERRE MERCIER, MAISTRE EN SAINTE THEOLOGIE, Conseiller du Roy en tous ses Conseils, Aumosnier, & Predicateur ordinaire de sa Majesté Tres-Chrestienne, GENERAL & Grand-Ministre de tout l'Ordre de la Sainte Trinité & Redemption des Captifs : A nostre cher Confrere le Reverend Pere Guillaume Basire, Ministre de nostre Convent de Chaalons, & l'vn des Commissaires generaux, par Nous n'aguéres députez pour la Redemption des Captifs, SALVT en Nostre-Seigneur. Si la charge que Dieu nous a donnée (quoy qu'indignes) de tout nostre Saint Ordre, nous oblige d'vne part; Le zele que sa divine bonté nous inspire, ne nous presse pas moins d'autre costé, de contribuer par tous les moyens possibles au soulagement des pauvres Esclaves, qui gemissent sous la tyrannie & parmy les fers des Barbares ; Et comme nous esperons qu'vn Livre que vous composez sous le titre de TABLEAU DE PIETÉ ENVERS LES CAPTIFS, portera puissamment les personnes charitables à départir de leurs biens pour la délivrance de ces pauvres Victimes perpetuellement immolées à la fureur des Ennemis cruels de la Foy de IESVS-CHRIST, nous recevons tres-volontiers la priere que vous Nous faites, de vous permettre, comme de fait, par ces Presentes, & de noſtre Authorité Generale, nous vous permettons de mettre au jour ce Volume agreable, & d'expoſer en public cette exquiſe Peinture, aprés toutefois que Meſſieurs les Docteurs auront jugé de ſes traits & de ſes couleurs, & qu'ils l'auront honoré de leur Approbation, laquelle nous eſtimons qu'ils ne feront difficulté de vous accorder. Et ſur ce, nous prions la Tres-Sainte & Tres-Adorable Trinité de faire reüſſir voſtre entrepriſe & ouvrage à ſa plus grande gloire, & pour cét effet, de vous combler de ſes Benedictions. Donné à Paris en noſtre Convent de Saint Maturin, ſous noſtre ſeing manuel, celuy de l'vn de nos Secretaires, & le Contreſcel de noſtre Adminiſtratiõ Generale, le quinziéme jour de Iuillet, mil ſix cens ſoixante-huit.

PIERRE, GENERAL.

Par commandement de mondit Seigneur noſtre Reverendiſſime Pere General,
DES AVTEL, *Secretaire.*

APPROBATION DES DOCTEURS.

NOVS ſoubſignés, Docteurs en Theologie, Certifions avoir leu vn Livre intitulé LE TABLEAV DE PIETE' ENVERS LES CAPTIFS, ou *Abregé* contenant, avec pluſieurs remarques, deux Relations de trois Redemptions de Captifs faites en Afrique, aux Villes & Royaumes de Tunis & d'Alger en Barbarie, és années 1666. & 1667. par les Religieux de l'Ordre de la Tres-Sainte Trinité [apellez vulgairement à Paris, Maturins] des quatre Provinces qui compoſent leur Chapitre General en France. ENSEMBLE *le Martyre* du Venerable Frere Pierre de la Conception, Religieux du meſme Ordre, ſouffert audit Alger le 19. Iuin de l'année derniere 1667. dans lequel non ſeulement nous n'avons rien trouvé de contraire à la Foy ny aux bonnes Mœurs, mais grand nombre de choſes dont les Fidelles ſeront fort édifiés & fort touchés des ſentimens de patience dans leurs ſouffrances & de conſtance dans l'Amour de Dieu ; En foy de quoy nous avons ſoubſcrit la Preſente le 7. d'Aouſt 1668.

FRERE FRANÇOIS MAHE',
Prieur des Freres Preſcheurs
de Chaalons.

FRERE CLAVDE GAYTIER,

LE TABLEAV DE PIETÉ
ENVERS LES CAPTIFS.

CHAPITRE I.

La Pieté des Anciens Fideles, & des Premiers Chrétiens envers les Captifs.

Comme Dieu s'est toûjours plû depuis la Creation du Monde, & la desobeïssance du premier Homme à tirer des épreuves de la constance de ses Fidéles, ou pour sa plus grande Gloire, ou pour satisfaction de leurs péchez, ou pour les faire davantage mériter. Aussi a-t-il permis qu'ils fussét exercez de temps en temps par les persecutions des Ennemis de son S. Nom, & que bien souvent leurs combats fussent

A

suivis d'vne mort sanglante, ou d'vne dure Captivité. Et comme il a toûjours couronné de Gloire ceux qui ont donné leurs vies pour la défense de la Foy, aussi n'a-t-il jamais manqué de consoler ceux qui étoient tombez dans l'Esclauage, leur suscitant des Personnes Pieuses & Charitables, qui les allassent déliurer des liens & remettre en liberté, ou, au moins, qui tâchassent de soulager leurs afflictions par des Aumônes & charitables liberalitez. Ainsi, au même temps que Lot fut emmené Captif avec toute sa Famille, & tous ses biens par les Roys qui auoient conspiré à sa ruïne, Dieu les fit poursuivre par Abraham avec vn fort Esquadron de Soldats, qui recouvrérent non seulement tout le butin, mais encore affranchirent tous les pauvres Esclaues. A peine le Patriarche Ioseph fut-il vendu aux Ismaëlites par ses Freres parricides, & eut-il ressenty les miseres de la Servitude, que Pharaon, diuinement inspiré, l'établit son vice-Roy. Les Israëlites n'eurent pas plûtôt recouru à Dieu dans leur penible Captivité d'Egypte, qu'il députa Moyse & Aaron pour les en aller retirer. En vn mot, les Hébreux estant Esclaues dans l'Assirie, Dieu permit que le Ieune Tobie, tout Esclave qu'il estoit, se captiuât, les bonnes graces du Roy de ce Païs, & qu'ayant obtenu liberté d'aller où il voudroit, & de faire tout ce qu'il luy plairoit, il allât visiter tous ses Compagnons detenus en Captivité, leur donner des avis salutaires, les consoler, distribuer à vn chacun ce qu'il pouvoit de ses biens, donner à manger aux vns, reuestir les autres, & ensevelir, au peril mêmes de sa vie, les Corps des Défunts & de ceux qui auoient esté tuez par le cruel Sennacherib.

Mais depuis que le Fils de Dieu s'est aneanti jusqu'à prendre la forme d'Esclaue en se faisant Homme, à fin de racheter ceux qui estoiét mal-heureusement tombez sous la Tyrannie du Demon, & montant au Ciel, conduire Captiue la Captiuité même, laissant pour exemple à ses Imitateurs, de faire ainsi qu'il a fait, & de racheter en ses Membres (qui sont les pauvres Chrétiens Esclaues entre les Infidéles) celuy qui les a rachetez eux-mêmes, certes la Pieté pour les Captifs s'est bien dauantage fait paroître; Car au commencement de l'Eglise naissante, lors qu'vn Chrétien tomboit entre les mains des Ennemis de la Foy, aussi-tôt les autres Chrétiens (qui s'appelloient Freres entr'eux) avoient autant de soin de luy obtenir sa liberté, que s'il eût été Iesus-Christ même. Le Prince des Apôtres, Saint Pierre, ne fut pas plûtôt arrêté Prisonnier par Herode, que l'Eglise fit des prieres à Dieu

A ij

pour luy tous les jours, jusqu'à ce qu'il plût à la Divine Misericorde le délivrer par le ministere d'vn Ange miraculeusement envoyé du Ciel. Et Saint Paul, ce grand Apôtre des Gentils, estant Captif & emprisonné à Rome, fut si bien secouru par le Charitable Onesiphore, que voicy le témoignage qu'il en rend luy-même par ses paroles deux-fois repetées: Ie prie Dieu, dit-il, de donner vn Pardon general à Onesiphore & à toute sa Famille, d'autant que lors que j'étois detenu en prison, il n'a pas eu honte de mes fers, ny des chaînes dont j'estois lié : estant venu à Rome, & ayant appris que j'estois en Captiuité pour la Foy de Iesus-Christ, mon Maître, il m'a soigneusement cherché, & n'a point eu de repos, qu'il ne m'eust trouvé pour me faire la Charité; Dieu veuille luy en donner la récompense au jour du Iugement par vne Indulgence pléniere de toutes ses fautes. Les Philippiens aussi furent tellement Charitables envers ce saint Prisonnier, qu'ils luy envoyerent Epaphrodite, leur Euesque, pour le seruir : dequoy il s'acquitta si dignement, qu'il en fut malade jusques à la mort, selon que l'écrit mêmes ce divin Apôtre.

Que si nous examinons ensuite la Pieté des Anciens Peres de l'Eglise pour les mêmes Chrétiens Captifs, nous trouverons qu'elle n'a pas esté moindre, que celle de leurs Ancêtres. Saint Cyprien, cet incomparable Evesque de Carthage, dont la vertu se faisoit admirer partout environ l'an 256. ayant apris avec une douleur extréme & un tres-sensible déplaisir, que les Barbares avoient fait des courses dans la Numidie, d'où ils avoient enleué plusieurs Evesques & Fidéles de l'un & de l'autre Sexe, lesquels ils avoient réduits dans une mal-heu-reuse Captivité, fit faire queste d'une somme d'argent fort considerable, tant sur les Ecclesiastiques, que sur les Laïques, laquelle il envoya à ces Evesques pour la distribuer entr'eux suivant leur prudence, & en faire part aux Compagnons de leur infortune, aprés avoir exhorté tout le peuple de son Diocése de se souvenir que l'Apôtre Saint Paul disoit, que si un Membre souffroit, les autres aussi compatissoient, qu'il falloit considerer les Captifs, comme des Temples de Dieu, & ne pas les laisser long-temps dans les langueurs & les souffrances entre les mains des Infidéles; méme, que ces Captifs étoient Membres de Iesus-Christ, lequel ils devoient contempler en eux, & racheter du peril de la Captivité, Celuy qui les avoit rachetez du peril de la mort : racheter par argent, celuy qui les avoit rachetez & en Croix & au prix de son Sang : qu'il diroit au jour du Iugement

A iij

à ceux dont il récompenseroit la Charité; j'ay esté Captif & vous m'avez racheté : j'ay esté enfermé, lié & garotté de chaînes dans les Prisons des Barbares, & vous m'avez remis en liberté.

Le grand S. Ambroise, digne Lumiere de l'Eglise de Milan, dont il étoit Archevesque, n'étoit pas remply d'vn moindre zéle pour les Captifs (qui de son temps passoient pour Martyrs & Confesseurs de Iesus-Christ) puisqu'il conseilloit de vendre jusques aux pretieux Vases de l'Eglise pour les racheter. Vrayment, disoit-il, ces Vases-là sont pretieux, qui rachétent les Ames de la mort : le vray Thresor du Sauveur de nos Ames, c'est celuy qui opere ce que son Sang a operé ; C'est pour lors que ie reconnois le Vaisseau du Sang de Iesus-Christ, quand ie vois la Rédemption en l'vn & en l'autre ; tellement qu'vn Calice rachéte de l'Ennemy, ceux que le Sang a rachetez du péché.

Mais il n'y a point eu Personnage doüé d'vne plus singuliere & plus rare Pieté pour les pauvres Captifs, que S. Paulin Evesque de Nole en la Campanie, qui aprés avoir employé tout son patrimoine, mémetout le revenu de son Evesché au Rachat des Esclaues de son Diocése d'entre les mains des Barbares, ne luy restant plus rien pour délivrer le fils d'vne pauvre Veuve, se vendit enfin soymême, & seruit long-temps de Iardinier à ces Infidéles. Oeuvre, qui leur causa vne telle admiration, l'ayant secrétement reconnuë, qu'ils donnerent la liberté non seulement à cét Enfant, mais encore à ce S. Prélat, & à tous les Captifs qui estoient ses Diocésains; même plusieurs de ces Barbares furent si bien épris & édifiez de cette Charité extraordinaire, qu'ils se convertirent à la Foy, ne voulans point d'autres preuves de notre veritable Religion.

Ne parlons point du Coryphée des Péres, S. Augustin, tres-familier du mesme Saint Paulin, qui disoit que toute servitude étoit pleine d'amertume. Il auoit vne telle compassion des pauvres Captifs de son temps, qu'il écrivoit à vn de ses Amis, que les nouvelles qu'il apprenoit par lettres de leurs miséres, luy remplissoient le cœur de pitié, & que les larmes, les soupirs & les sanglots l'empêchoient d'y faire aucune réponse. En effét, ce Pieux & vénérable Prélat fut si sensiblement touché, de voir sa Ville d'Hypone assiegée par ces superbes Ennemis de Iesus-Christ son Maître, & de ce qu'il étoit sur le point de tomber luy-même en leur mal-heureux Esclavage, avec toutes ses cheres Oüailles, qu'il en mourut de déplaisir.

A iij

Nous pourrions encore produire icy le Souverain Pontife Symmachus, lequel brûloit d'vne telle Charité pour les Captifs, qu'il nourrissoit & entretenoit vingt-trois Evesques detenus Esclaves en Sardaigne, auec plusieurs autres Personnes Ecclesiastiques : Nous pourrions faire voir que beaucoup d'autres Saints Peres se sont rendus aussi recommandables pour la même Pieté, mais nous serions trop ennuyeux, parlons vn peu des Rois & des Princes de nôtre France, qui se sont signalez par-dessus tous les autres Princes, pour auoir le mieux pratiqué cette divine Vertu.

CHAPITRE II.

Pieté de Clovis, Roy de France : & de Charles Martel, Duc des François : & d'autres Rois & Princes François, pour les Captifs & Chrétiens persecutez par les Arriens & Mahometans.

L'Eglise a toûjours eu de tres-fâcheux Ennemis à combattre, mais elle n'en a point eu, excepté les Othomans, de plus difficiles à abbattre, que les Arriens, dont s'est éclos le Mahometisme, comme d'vn méchant œuf, vn méchant corbeau. Ils tiroient leur nom, d'Arrius, Prêtre d'Alexandrie environ l'an 315. aussi-bien que leurs détestables erreurs, dont le pire de tous, étoit, que le Pere, le Fils, & le St. Esprit au Mystere de la Tres-sainte Trinité, n'étoient pas de même nature, substance, ou essence, appellée par les Grecs, *ουσία*, & soûtenoient, que le Fils & le S. Esprit étoient creatures; pour lequel blasphéme ainsi que pour plusieurs autres, cét opiniâtre Maître & superbe Hibou ayant esté justement Excommunié & declaré Anathéme, déposé de son Bénéfice, & (ses livres brûlez) banny de la Ville auec ses Fauteurs, par S. Alexandre Patriarche: il se réfugia dans la Palestine, & dans la Bithynie, où il excita des troubles & des Schismes épouvantables, faisant accroire qu'il n'étoit exilé, que pour auoir enseigné la Doctrine saine & orthoxe de ses Ancêtres. Delà son pernicieux venin se répandit presque par tout le monde, ayant eu pour Adherans & protecteurs, les Goths & les Vandales, gens septentriónnaux, Polonnois. De sorte que la Grece, l'Italie, l'Allemagne, l'Espagne, l'Afrique, l'Egypte, la Palestine & tout l'Orient, même la France, souffroient beaucoup de cette maudite Race & engeance d'Heretiques

Arriens, qui massacroient cruellement, ou reduisoient soûs le joug d'vne Servitude insupportable, autant de Catholiques, qu'ils rencontroient.

Pour empécher alors le naufrage, dont l'Eglise sembloit courir tres-grand risque, on auoit besoin d'vn Prince également Valeureux, Prudent, Politique, diligent Executeur, & d'vne Auctorité extraordinaire. Dieu ensuscita & excita Vn tres-auantageusement orné de toutes ces belles Qualitez: Ce fut le grand Clovis, cinquiéme Roy des François, mais le premier qui fit profession de la Foy Catholique, & qui fut baptisé, oint, & couronné Roy par S. Remy Archevesque de Rheims, Symmachus Pape, Tres-charitable envers les Captifs, tenant le Siege pour lors. (Il est a remarquer, que les Chefs des François ne portoient auant Clovis, que le Titre de Ducs, & que ce fut à son Sacre, qu'vne Colombe apporta miraculeusement vne Phiole d'huile Celeste, que nous appellons aujourd'huy, la Sainte Ampoulle, dont nos Rois, Successeurs aussi-bien de la vertu, que de la Couronne de Clovis, sont oihts & le seront à jamais. Ce Prince donc, voyant que ces Arriens & Ennemis jurez du Roy du Ciel & de la Terre, pour lequel il venoit de faire profession de combattre genereusement toute sa vie, s'étoient rendus

Maîtres d'vne bonne partie de son Royaume, il les va attaquer en Poitou, si viuement, qu'il tuë, de sa propre main, Alaric, leur Roy: défait entierement leur armée, remporte leurs dépouïlles & les richesses dont ils s'étoient tyranniquement emparez; & ainsi remet en pleine Liberté non seulement vn grand nombre de Captifs, mais encore des Provinces & des Royaumes entiers. Ce qui fut cause que l'Eglise respira quelque temps aprés & joüit d'vne assez agreable repos.

Mais, helas; pendant ce doux calme, l'Arabie-heureuse deuint mal-heureuse, & fut si infortunée, que de produire vn Monstre terrestre, & marin, lequel jetta la terreur par tout le monde, & excita de si furieuses & horribles tempestes, qu'elles durent encore maintenant, & agittent si effroyablement le Navire de l'Eglise, qu'à tres-juste raison l'on craindroit son naufrage, s'il n'étoit gouverné par vn Divin Pilote. Ce Monstre fut l'Imposteur Mahomet, vray Fourrier & Avant-coureur de l'Ante-Christ. Il nasquit en vn Village nommé la Méque (en ladite Arabie sur la côte de la Mer Rouge) environ l'an 570. Son Pere s'appelloit, Abdala, Payen, & de la race réprouvée, cruelle & farouche d'Ismaël, fils d'Agar, servante & concubine d'Abraham. Sa Mere se nommoit, Hennine, Iuive, tous deux de la lie du peuple. Ce maudit & infame Reprouvé vécut en sa jeunesse comme vn autre Cacus, dans le vice & la brutalité, gardant le bétail d'vn riche Marchand Arabe, aprés la mort duquel il joua si finement son personnage, que, de seruiteur qu'il estoit, il se passa Maître rusé Bâtard, & s'acosta si bien de sa Maîtresse, nommée Cadiga, qu'il l'épousa, & devint tellement opulent peu de temps aprés, que, bouffy de superbe & de vaine gloire, il s'auisa de rechercher les moyens de paruenir aux premiers honneurs, mesmes à la Royauté, à quoy luy seruit l'hypocrisie au lieu de Noblesse, se faisant passer pour vn grand Prophéte enuiron la quarantiéme année de son âge, faisant accroire que l'Archange Gabriel luy auoit apporté du Ciel vne nouuelle Loy pour la dōner à obseruer aux hommes, afin d'arriuer à la Beatitude ; quand il tomboit du mal-caduc, il feignoit que c'estoit cét Archange qui l'illuminoit, le rauissant en extase : vn pigeon apriuoisé venant manger en son oreille, il disoit que c'estoit l'Ange de Dieu, qui luy venoit réveler ses secrets. Ayant enfin inuenté mille semblables rêveries pour l'establissement de sa Secte contagieuse, il les fit rediger en vn Alcoran, lequel est vn Liure distingué en plusieurs Chapitres, appellez Azoares, dont nous ferons mention ailleurs.

Il commença donc à passer pour vn grand Prophéte, premierement dans l'esprit des plus simples; & à fin que tout le monde le crût tel, pour masque de son hypocrisie, il recommanda fort l'Aumône, & l'Oraison, défendant que personne fût si osé, que de disputer de cette nouvelle Loy, à peine de ressentir le glaive, ou le feu, pour preuve de sa verité. Il fit en mesme temps vne armée de voleurs, de Bandoliers & de Canailles comme luy, lesquels furent fort aises de la rencontre d'vn si brave Capitaine, qui leur donnoit licence de viure, & de piller à discretion, & de faire non seulement Captifs, mais aussi de violer, tuer, & brûler impunément par tout, sans discretion, tous ceux qui ne voudroient point embrasser le party de sa fausse Religion & Loy libertine. Ils se saisissoient premierement des Villages & des Bourgades, & aprés des Villes, des Provinces & des Royaumes; de sorte qu'en peu de temps, ce cruel Tyran eut sous sa domination l'Arabie presque toute entiere, la Iudée, la Syrie, & plusieurs autres Païs. Mais, enfin, aprés auoir ainsi corrompu le monde par ses impostures & hypocrisies, & osté la vie temporelle, ou la liberté, à vne infinité de Chrestiens par ses persecutions diaboliques, environ l'an 630. il mourut du haut-mal; & fut precipité dans les Abymes infernaux, avec ses Peres de mensonge pour y payer éternellement dans les flammes les peines deuës à ses crimes, sans ressusciter le troisiéme jour, comme il l'avoit predit.

L'engloutissement de ce Faux-Prophete dans les Enfers ne mit pas cependant fin aux persecutions, & n'empeschapas ses factieux Sectateurs (dits communément & proprement, Mahometans, Othomans, Sarrazins, Arabes, Ismaëlites & Agareniens) de faire par aprés leur courses & cruels brigandages dans les Espagnes; et tirant delà, dans la Guyenne (partie de nôtre Gaule) à dessein de s'y établir, & d'y mettre tout à feu & à sang, se promettans qu'il n'y auroit personne, qui pût resister à leur fureur, d'autant qu'ils estoient au nombre de quatre cens mille, conduits par Abderame leur Roy. Nonobstant, Dieu leur fit bien voir par les armes victorieuses & triomphantes de Charles Martel, Maire du Palais, & l'Vn des plus Illustres Princes des François, qu'il y auoit plus vaillant qu'eux; car comme ils estoient déja auancez dans le Poitou & la Touraine, où ils perdoient & ravageoint tout il les va si bien martelér, qu'il en défait jusques à 375000. sans perdre plus de 1500. de ses soldats. Action, qui luy donna depuis le Glorieux surnom de Martel, pour auoir, par sa force & valeur, réprimé la rage de ces Barbasés, & frappé sur eux, comme le marteau sur le fer & l'enclume.

Et ce ne fut pas encore tout ; car comme aprés vn grand incendie, il reste souvent quelque bluette ou petite étincelle cachée dans les cendres, qui ne laisse pas de se rallumer, trouvant assés de matiere disposée prés de soy, & de causer quelquefois vn plus grand embrasement, qu'auparavant : de méme ces seditieux Bâtards, qui étoient eschapez en petit nombre de dessous le marteau victorieux de Charles, doublement enragez de se voir abâtardis, & privez de leur proye, reprirent feu, le fer, & les forces ; & revenus en France, ils y redoubloient leurs carnages & leurs inhumanitez, lors que Charles, qui auoit encore les mains toutes teintes de leur sang, n'épargna pas derechef son marteau sur eux, les trouvant de chaleur à estre bien forgez, & les repoussa fortement jusques à Narbonne, où estant embarquez, il leur fit faire entier naufrage, les envoyant dans les Enfers par eau, ainsi qu'il y auoit fait trebucher par terre, leurs compagnons, la premiere fois proche de la Ville de Tours.

La Pieté donques de ce grand Charles ayant ainsi triomphé de la Barbarie & cruauté de ces Persecuteurs de Chrestiens, sa Prudence, de leurs astuces, & son courage, de leurs violences : ne faut-il pas avoüer, qu'il a délivré vn tres-grand nombre de Captifs de leur Servitude tyrannique, puisqu'il en a preservé la France entiere, laquelle sans luy ne seroit plus franche, non plus que toutes les Provinces voisines.

Qui ne sçait que la Pieté de Charlemagne pour les Captifs a esté pareillement si éclatante, que l'Italie, l'Espagne, & la France, pour ne pas dire toute l'Europe, luy sont redevables de leur liberté; & que pour tres-humbles reconnoissances & hommage, ces Pays luy ont voulu religieusement obeïr sous le Titre glorieux & de grand & d'Empereur? Grand par terre, Grand par mer, Grand par tout & à tousiours.

Ce ne seroit jamais fait, si nous entreprenions de remarquer icy en particulier, tous les Rois & les Princes François, qui ont donné des preuves authentiques de leur heroïque Pieté pour les Captifs Chrétiens reduits à l'Esclavage des Sarrazins, Barbares & Mahometans. LOVIS le Debonnaire, Fils vnique de Charlemagne, Héritier de la Grandeur & Pieté de son Pere, aussi bien que de son Empire & de son Royaume, a merité justement le nom de Debonnaire pour auoir expulsé rudement & chassé d'Italie, & de Provence, ces Loups ravissans, lesquels y ravagoient tout, & y tenoient les tenoient les pauvres Chrétiens en Captivité. Louis 2. quelque temps après, voyant que ces Hydres étoient rentrez de force en Italie, où ils relevoient leurs testes, & y vomissoient encore plus de venin qu'auparavant, n'alla-t-il pas les fouler aux pieds & les écravanter ? Charles le Chauve ne montra-t-il pas le même zéle ? Et Charles, surnommé, le Gros, qui ne respiroit que Pieté, ne fut-il pas le Triomphant liberateur de Rome & de toute l'Italie, lors que ces Serpens, s'y estant renoüez, y rampoient & y faisoient plus de degast que jamais ? Tous ces Empereurs & ces Rois n'eurent-ils pas aprés leur mort, pour parfaits Imitateurs de leur heroïque Pieté envers les Captifs, ces Illustres Normans, principaux Membres de la France, dont quarante meritent chacun le nom de Roy, ou d'Empereur, pour avoir, eux seuls, fait lever le Siege de ces venimeux Sarrazins, de devant Jerusalem, aprés avoir tué la plus grande partie de leur armée ? Et ce qui augmente la gloire de ces grands Personnages, n'est-ce pas d'avoir fait cét admirable Exploit par le seul motif d'vn Pieux zéle pour le recouvrement de la Terre-Ste. qui estoit Captive, & dont les Chrétiens gemissoient miserablement sous le joug profane de la servitude de ces Scythes & méchans ? Ces invincibles Guerriers

B

donnèrent bien à connoître par le refus qu'ils firent des Palmes, des Lauriers & des magnifiques presens qu'on leur offrit à lors en recoñnnissance, qu'ils n'estoient pas mercenaires, & qu'ils ne combatoient que pour la défense de la liberté des Enfans de Dieu, auquel seul ils réferoient l'honneur de leurs victoires. Robert Guichard ne fit-il pas assez voir ensuitte, qu'il n'étoit Duc de ces Braves Normans, que pour signaler sa Pieté à leur exemple, rendant par ses conquestes la liberté à plusieurs contrées de l'Italie, qui languissoient sous l'Esclavage de ces Ismaelites & Agareniens?

Mais, pour ne pas presenter au Public vn gros Volume, & vn grand Tableau, au lieu d'vn racourcy, tel qu'il faut pour vne Rélation sommaire & succincte, que nous-nous proposons de faire: ne parlons point de Godefroy de Boüillon, des Bandoüins, de Louis VII. de Phillippe Auguste, ny de plusieurs autres Princes François, lesquels, armez de la Croix pour signal de leurs Pieuses entreprises, allèrent foncer & enfoncer les barrieres de l'Impieté Othomanne, jusques dans l'Asie & Païs du Levant, pour bannir la Captivité spirituelle & corporelle de ces Peuples Orientaux, qui auroient dû jouyr en ce temps-là, aussi bien qu'ils le devroient maintenant, de la vraye

Liberté, que Iesus-Christ leur a acquise par l'effusion de son Sang pretieux, dont leurs Terres sont encore touttes pourprées. Il suffit d'asseurer generalement, que la plus-part des Princes & des Rois François (pour ne pas dire, tous) n'ont jamais eu de plus Sainte Passion, que de rechercher avec leurs armes victorieuses, l'Affranchissement des Chrétiens Captifs entre les Ennemis de nostre Ste. Foy : & que c'est cette Princesse & cette Reine des Vertus, la Pieté pour les Captifs, qui leur a acquis le Titre, sinon de François & de Libres, au moins de Tres Chrétiens. Titre juste, dont les Souverains Pontifes, les Conciles œcumeniques, & les Saints Peres les venerent, & dont l'Eglise les honorera à jamais, les conservant toûjours dans leurs beaux Droits & Privileges de France.

Que si, à l'exemple des Anciens Fidéles, & des premiers Chrétiens, les Rois & Princes François, jusqu'au Régne de Philippe Auguste, ont donné des témoignages si manifestes de leur Pieté envers les Captifs : le Roy des Rois & des Chrétiens, Createur, Conservateur, & Redempteur de tout le monde, & Glorificateur des Prédestinez, a bien fait encore paroître avec plus de lustre son Amour & sa Misericorde infinie pour les mêmes Captifs, instituant vn Ordre Reli-

B ij

gieux en son Eglise, pour leur Rachat & consolation, lequel porte le Nom Auguste de son Instituteur, qui est, la Tres-Ste. Trinité: & de l'Employ Charitable auquel il s'occupe, qui est, la Redemption des Captifs; dequoy il nous faut parler en peu de mots, s'il est possible, presentement.

CHAPITRE III.

L'Institution miraculeuse de l'Ordre de la Tres-Sainte Trinité, & Redemption des Captifs.

S'Il a esté à propos de racheter le Genre humain de la Servitude de Satan & du Peché, il a fallu que les Trois personnes Divines y contribuassent: le Pere, donnant son Fils: le St. Esprit, donnant l'humanité au Verbe: & le Fils, se donnant soy-même aux souffrances de la Croix. De mesme (s'il est permis d'vser de cette comparaison) s'il a esté important d'instituer en l'Eglise vn Ordre, qui s'employast au Rachapt des Chrétiens Captifs & detenus Prisonniers par les Turcs & Barbares Ennemis immortels de nostre vraye Foy, il a esté necessaire que les mêmes Trois divines Personnes y cooperassent; le Pere, par sa Toute-puissance; le Fils, par sa Sagesse Eternelle, & le St. Esprit, par son Amour infiny; C'est pourquoy y ayant contribué de la sorte toutes trois, cét Ordre a esté proprement appellé, de la tres-Sainte Trinité, & Redemption des Captifs.

Pour l'entendre, il se faut souvenir, qu'encore que les œuvres exterieures de Dieu soient inseparablement les œuvres des Trois divines Personnes, à cause qu'elles procédent de la Toute-puissance, qui est vne au Pere, au Fils, & au St. Esprit: Neanmoins, parce que le Pere est le Principe duquel émanent les deux autres Personnes, sans qu'il ait son Principe d'aucun autre, l'on a accoûtumé, en bonne Theologie, de luy attribuer, par apropriation, les œuvres qui regardent plus en particulier la Toute-puissance, comme l'œuvre de la Creation : d'où nous disons : Ie crois en Dieu, le Pere Tout-puissant, Createur du Ciel & de la Terre; quoy-que le Fils, & le St. Esprit soient aussi bien Createur, que le Pere. Semblablement, dautant que le Fils procede du Pere par voye de Connoissance, & comme le terme de la Connoissance comprehensive du Pere, il est appellé la Sagesse Eternelle, & on luy attribuë les œuvres qui dénotent plus de Sages-

B iij

se ainsi que l'on aproprie au S. Esprit, les effets qui semblent provenir d'vn Amour extraordinaire de Dieu, pour ce que le Saint Esprit procéde du Pere & du Fils par voye d'Amour, & qu'il est le Terme de leur Amour mutuel & reciproque.

Nous disons donc, que le Pere Eternel a cooperé par sa Toute-puissance, en l'Institution de l'Ordre Religieux de la Tres-Sainte Trinité, & Redemption des Captifs, en laquelle elle a merveilleusement paru. Car il faut tomber d'accord, qu'il n'y a rien en quoy reluise davantage la Toute-puissance du Pere Eternel, qu'aux Miracles, qui sont des actions divinement faites, au dessus de toute puissance crée, & contre le cours ordinaire des choses. Nôtre divin Redempteur, voulant faire le Miracle de la Resurrection du Lazare, éleva les yeux au Ciel, invoquant la Toute-puissance de son Pere & disant : Mon Pere, ie sçay que vous m'exaucez toûjours ; mais afin que ce Peuple, qui est icy, croye en ma Divinité, accordez moy la priere que ie vous fais de ressusciter le Lazare ; & cela dit, il se mit à crier : Lazare, sortez du tombeau ; & à l'instant, le Lazare sortit. D'où nous voyons, que l'Operation des Miracles se rapporte à la Toute-puissance de Dieu le Pere.

Or il n'y a jamais eu Ordre plus Miraculeux en son Institution, que celuy de la Tres-Ste. Trinité : & il ne faut que dire les Histoires qui en parlent, pour en estre ravy en admiration. On y verra, que deux Saints Personnages, l'vn nommé, Jean de la Matte, Docteur en Theologie, de la Faculté de Paris, & l'autre, Felix de Valois, tous deux insignes en Pieté, François de Nation, viuans solitairement en vn Hermitage dans vne forest assés proche du lieu, où avoit autrefois paru le Grand S. Fiacre, au Diocèse de Meaux en Brie, à seize lieuës de Paris, eurent plusieurs & diverses fois des Apparitions d'Ange en forme humaine, vestu de blanc, portant vne Croix rouge, & bleüe sur l'estomac. Sur quoy ils furent conseillez d'aller à Rome, pour en donner avis au Pape Innocent troisiéme, lequel célébrant la Sainte Messe à ce qu'il plût à Dieu réveler ses Saintes volontez, aperçeut, pendant la Consecration, l'Ange paroître sur l'Autel, revestu de la mesme couleur, portant la même Croix sur l'estomac, & tenant à ses côtez, d'vne main, vn Chrétien, de l'autre, vn Turc, tous deux à genoux, & enchaînez, lesquels il sembloit, par ses bras croisez, vouloir eschanger d'vn costé à l'autre, ce qui donna à connoistre au St. Pere, que la volonté de Dieu estoit, qu'il y eûst en son Eglise un Ordre, dont les Religieux fussent revestus ainsi que ledit Ange, & s'occupassent à la délivrance des Chrestiens Esclaves parmy les Turcs & les Maures, ou les rachetant par argent, ou donnant des Turcs pour des Chrestiens, lors que l'on en prendroit comme Pirates & Ecumeurs de mer. En effet peu de jours aprés, en présence du sacré College des Cardinaux, il donne l'habit à ces deux Saints Hermites de la même façon que celuy dont l'Ange avoit paru revestu, aprés leur avoir fait entendre que telle estoit la volonté divine, declare ce nouvel Ordre, l'apellant de la tres-sainte Trinité, & Redemption des Captifs, & le prenant en sa protection & en celle du saint Siege Apostolique, il l'offre à Dieu comme heureuses premices de son Pontificat l'an 1198. luy donnant ce bel Eloge.

Hic est Ordo approbatus,
Non à Sanctis fabricatus,
Sed à solo summo Deo.
Cet Ordre est approuvé,
N'estant pas un Ouvrage des Saints,
Mais du grand Dieu seul.

En quoy vous remarquerez, s'il vous plaist, plusieurs miracles & effets de la Toute-puissance du Pere Eternel. Miracle, en l'Ange qui apparoit diverses fois à ces deux Saints Anachoretes dans leur solitude : Miracle, en l'Ange qui apparoit aussi au Pape : Miracle, en la revelation de l'habit de l'Ordre : Miracle, en la Profession qui luy est prescrite du Ciel, de racheter des Captifs : Miracle, enfin, au choix que Dieu fait de Personnages si Saints, pour donner commencement à vn si bel Ordre. Dieu envoye l'Ange ; l'Ange fait son Ambassade ; vn grand Pape & grand Saint donne l'habit aux deux Patriarches : les Patriarches le reçoivent avec grand' devotion : l'Ordre se forme, s'établit, & s'approuve au grand contentement du Ciel, & de la terre. O que de merveilles toutes ensemble !

Nous sçavons bien que l'Institution de tous les Ordres a quelque chose de merveilleux : mais nous ne ferons tort à aucun, si nous disons, à la plus grande gloire de la Tres-Sainte Trinité, qu'il s'en trouve peu, où tant de merveilles se rencontrent ensemble. Il n'y en a point qui ne soient instituez par des inspirations Celestes que Dieu a envoyées en l'esprit des Fondateurs : mais où en trouvera-t-on, où vn Ange revele & l'habit de l'Ordre, & sa Profession ? Où vn St. Pere veste les Patriarches ? Où Dieu soit Instituteur, le

Pape, Approbateur? Certes, il faut vaoüer que c'est vne prérogative de l'Ordre de la Tres-Sainte Trinité, de ce que l'on en peut dire veritablement, qu'il n'est pas vn Ouvrage des Saints, mais de Dieu seul.

Que si quelqu'vn avoit le moindre doute touchant cette Apparition de l'Ange, il seroit facile de l'en relever, luy produisant les Escrits de tant de Graves Auteurs, qui ont traité dignement cette matiere : luy mettant en main tant de Bulles de Souverains Pontifes, qui en font souvent mention : luy faisant voir tant d'Images & Tableaux de cette Apparition, lesquels se trouvent encore dans les Maisons de cet Ordre, quelques vnes desquelles ne sont gueres moins anciennes que son Institution : bref, luy faisant considerer cette Tradition que nous en avons si ancienne, si constante, & non jamais contestée, que tant de raisons appuyent si efficacement. Entre lesquelles si la Convenance doit trouver lieu n'estoit-il pas convenable, luy diroit-on, (& c'est en quoy paroît premierement la Sagesse du Verbe Eternel) qu'vn Ange annonçast l'Ordre de la Redemption, puisque de tout temps les Esprits Angeliques ont esté en possession d'apporter aux hommes les nouvelles de la leur, soit particuliere, soit generale, ou de la faire eux-mémes, ou d'en avoir la direction? Dans l'Ancien Testament, Dieu n'envoya-t-il pas deux Anges à Loth pour le preserver luy & toute sa famille de l'embrasement vniversel des deux abominables Villes Sodome & Gomorrhe? Vn Ange ne fut-il pas promis à Moyse pour Conducteur du Peuple de Dieu, tiré de Servitude? Et dans le Nouveau, St. Pierre ne reconnoît-il pas qu'vn Ange l'a élargi de la prison d'Herode, & délivré de la conspiration des Iuifs? Disons hardiment, mais disons avec respect, aussi bien qu'avec verité. Qui, sur la fin du premier de ces deux Testamens, & sur le commencement du dernier, apporta la nouvelle de l'Incarnation du Redempteur de tous les hommes à la Sainte Vierge, & celle de sa Naissance aux Pasteurs, sinon vn Ange? N'est-ce donc pas,

Si parua licet componere Magnis,

n'est-ce pas avec convenance, que Dieu, voulant instituer cet Ordre Auguste, qu'vn grand Pontife a (comme nous venons de dire) appellé l'Ouvrage non des Saints, mais de Dieu seul,

Non à Sanctis fabricatus,
Sed à solo summo Deo,

il l'a premierement fait annoncer aux deux Patriarches de cét Ordre, méme au Souverain Pasteur de l'Eglise, par vn Ange revestu de blanc avec vne Croix rouge & Bleuë sur l'eſtomach & deux Captifs à genoux à ſes coſtez ? Comme s'il avoit voulu dire par là à ces nouveaux Religieux. Allez de ma part retirer mon Peuple de la Captivité des Pharaons Mahometans ; ie vois ſon affliction & entens ſes gemiſſemens : Allez ſans crainte, c'eſt moy qui vous envoye, ie ſuis le Dieu d'Abraham, le Dieu d'Iſaac, & le Dieu de Iacob, vn ſeul Dieu en Trois Perſonnes : ne vous épouvantez point de ces Barbares, car ie ſeray avec vous, & mon Ange vous conduira en ces grands voyages, ſuivez-le : & pour enſeigne & témoignage que c'eſt Moy-méme qui vous députe, armez-vous de la Croix, elle vous ſervira de Verge miraculeuſe ; car avec cette Croix, vous reviendrez Victorieux & Triomphans de ces Endurcis, & ramenerez mon Peuple pour le faire jouyr de la liberté que mon Fils luy a meritée portant cette meſme Croix & mourant ſur elle: Or comme vous ſerez ſes Coadjuteurs & Cooperateurs avec luy en ce Rachat, ſoyez auſſi les Imitateurs de ſes vertus, & portez cette Croix ainſi qu'il l'a portée, endurans les meſmes peines, & ne refuſans pas meſme d'y mourir, s'il le faut, pour la liberté de ce Peuple.

Adjouſtons, que la Sageſſe du Verbe Eternel ne paroît pas ſeulement en ce que cet Ordre a eſté revelé par vn Ange avec deux Captifs à ses costez, mais encore aux Couleurs de son habit pour modéle de celuy dont les Religieux devoient estre habillez, & pour indice du Nom que devoit porter leur Ordre. Il estoit blanc, relevé d'vne Croix rouge, & bleuë. Quelles Couleurs eust-on pû donner plus convenables à vn Ordre qui se devoit appeller de la Tres-Sainte Trinité & Redemption des Captifs, que ces trois Couleurs, qui representent proprement les Trois Personnes divines? Le Blanc, qui est la premiere des Couleurs, sans rien tenir des autres Couleurs, exprime fort à propos le Pere, qui est la premiere Personne en Dieu, & le Principe des autres Personnes, sans tenir son estre que de soy-mesme. Le Bleu (couleur du Ciel) nous represente le Verbe Eternel, qui dans son Incarnation est appellé par l'Apostre, homme Celeste, *secundus homo de Cœlo Cœlestis*; & qui dans sa passion a paru tout bleu par vn nombre infini de coups & de meurtrisseures. Le Rouge (couleur du feu) est le Symbole du S. Esprit, feu Celeste & divin vnissant le Pere & le Fils d'vn lien d'Amour eternel & indissoluble, qui est descendu en forme de langues de feu sur les Apostres le jour de la Pentecoste.

N'est-ce pas là vne si naïue representation du Mystere adorable de la Tres-Sainte Trinité, qu'il faut confesser, que c'est à juste raison que cet Ordre en porte le Titre, & que le Souverain Pontife ne luy en pouvoit pas imposer vn plus convenable? De plus, ces mesmes Couleurs nous désignent encore les qualitez necessaires aux Religieux de cet Ordre pour s'acquiter dignement du Ministere de la Redemption des Captifs, dont ceux qui estoient à costé de l'Ange, estoient la figure; car il faut qu'vn Religieux destiné pour estre Redempteur, soit pur, innocent, & de vie exemplaire, afin d'édifier vn chacun pendant son voyage, les fideles chez qui il passe, les infidelles avec lesquels il traitte, les Captifs qu'il ramene: & c'est ce qui luy est monstré par le Blanc de l'habit. Il faut qu'il soit patient à souffrir les peines, les fatigues, les afflictions & les traverses qui luy surviendront tant en Turquie & Barbarie y faisant le Rachat, que sur les chemins allant & revenant, & c'est ce qui est figuré par le Bleu de la Croix. Il faut, enfin, qu'il soit Charitable, brûlant de zele & du Sacré feu d'Amour pour le Salut du prochain, & le Rouge de cette Croix est pour luy en faire souvenir. Tellement qu'il n'y avoit point d'habit plus propre ny plus convenable à vn tel Ordre, faisant telle Profession, que celuy qui porte ces trois Couleurs, le Blanc, le Bleu, & le Rouge, &

par consequent la Sagesse divine a grandement paru prescrivant tel habit à cet Ordre sacré, & inspirant son Vicaire en Terre de l'apeller, l'Ordre de la Tres-Sainte Trinité, & Redemption des Captifs.

Elle a paru en outre au choix que Dieu a fait des deux Bien-heureux Patriarches de cet Ordre Saint Iean, & Saint Felix, Personnages d'vne vie si Sainte, si innocente, si exemplaire, si sage & si accomplie en toutes sortes de perfections, que l'on eust dit que Moyse & Aaron estoient ressuscitez en leurs personnes.

Elle a encore paru au choix d'vn troisiéme Saint Personnage, le grand Pape Innocent 3. pour donner luy-mesme l'habit à ces Saints Patriarches, & déclarer leur Ordre.

Elle a enfin paru au temps que cet Ordre a esté institué. Car comme le Mystere de l'Incarnation s'est accomply au temps le plus convenable : *Vbi venit plenitudo temporis, misit Deus Filium suum factum ex muliere, &c.* Aussi cette Sagesse Eternelle ne pouvoit pas reveler & instituer cet Ordre en vn temps plus convenable, qui estoit lors que les Rois Tres-Chrestiens & Princes François, principalement (comme nous avons veu cy-devant & verrons encore cy-aprés) faisoient la guerre contre les Turcs & les Infideles, pour en purger la Terre-Sainte & délivrer les Chrétiens de la Servitude Mahometane, laquelle estoit alors plus fâcheuse que jamais. Car Dieu permettant souvent que plusieurs de ses fidèles Soldats en ces Guerres Saintes tombassent dans l'Esclavage, sans doute les misères extrêmes de cet estat auroient esbranlé la constance de la plufpart, s'ils n'eussent esperé que ce Pere de Misericordes, qui avoit permis pour vne bonne fin leur Captivité, leur envoyerroit aussi les Religieux de l'Ordre qu'il avoit tres-Sagement institué, pour, comme d'autres Moyses, les retirer & remettre en liberté; ou, comme d'autres Tobies, les soulager Spirituellement & corporellement autant qu'il leur seroit possible. Cette esperance attiroit des Soldats à ces Stes. armées, les animoit dans les combats, & fortifioit la patience des Esclaves dans l'affliction.

Nous ne faisons point remarquer icy combien il estoit encore important que cette Sagesse Eternelle instituât pour lors cet Ordre sous le Titre de la Tres-Sainte Trinité, pour la défense de son Eglise, & la destruction de plusieurs Heresies au sujet de la Foy touchant ce profond Mystere, afin qu'il y eust des Religieux, lesquels, professans par leur institution l'vnité de Dieu en Trinité de Personnes, allassent, comme d'autres Saints Pauls &

Vaisseaux

Vaisseaux d'Election, l'annoncer au delà des Mers dans les Terres Infidelles, y pratiquant (pour ainsi dire) l'œuvre divine de la mesme Trinité & particulierement du Redempteur de tout le monde, envers ceux qui y souffriroient pour son St. Nom les rigueurs d'vne dure Captivité.

Disons en vn mot, que si la Sagesse du Verbe Eternel aparu en l'Institution de cet Ordre avec tant d'éclat, aussi bien que la Toute-puissance de Dieu le Pere, l'Amour du St. Esprit n'y a pas moins excellé. Car il est constant (& nostre Seigneur mesme nous en assure, *Maiorem Charitatem nemo habet, &c.*) que le plus signalé témoignage d'Amour qui se puisse imaginer, c'est d'exposer ou donner sa vie pour quelqu'vn, l'homme n'ayant rien plus cher, que ce pretieux tresor, pour lequel défendre, il donnera tout ce qu'il possede au monde, jusques à la peau de son corps, dit Iob, *Pellem pro pelle, & cuncta quæ habet homo, dabit pro animâ suâ.* Ce qui est confirmé par le sentiment de l'Apostre d'Amour, qui dit, que ce qui nous a fait reconnoistre celle du Redempteur de nos Ames lors que nous estions Esclaves du Démon, c'est qu'il a donné sa vie pour nous racheter, par ce qu'il ny a point de Charité plus grande ; ce qu'estant ainsi, peut-ton dire qu'il y ait vn Ordre en l'Institution duquel l'Amour divin éclate davantage, qu'en celle de l'Ordre de la tres-Sainte Trinité, dont les Religieux sont obligez par leur Profession & en vertu de leur Institution, d'aller non seulement exposer, mais encore bien souvent donner leur vie (comme nous ferons voir cy-aprés qu'ils ont fait plusieurs fois) pour la Redemption de leurs freres Chrétiens Captifs & Esclaves entre les Infidéles? Non, certes, il n'y en a point. C'est pourquoy il faut conclure, que le Saint-Esprit aïant cooperé d'vne maniere si admirable en l'Institution de cet Ordre Religieux, par son Amour, de mesme que le Pere Eternel, par sa Toute-puissance, & son Verbe, par sa Sagesse Infinie, il porte à bon droit le Titre Auguste de la tres-Sainte Trinité, & Redemption des Captifs.

CHAPITRE IIII.

L'Etablissement & Fondation de l'Ordre de la Tres-Sainte Trinité, & Redemption des Captifs, depuis son Institution jusqu'au temps present.

LE Souverain Pontife Innocent 3. ayant, ensuitte de l'Apparition mysterieuse de l'Ange, institué cet Ordre, & donné l'habit aux deux Patriarches, Saint Iean de la Matte, & Saint Felix de Valois, ainsi que nous avons fait voir au precedent Chapitre, il les renvoya avec sa Benediction en France, tant pour donner avis au Roy, Philippe Auguste, de l'Institution de ce nouvel Ordre, & luy demander ses Lettres d'Etablissement en son Royaume, qu'afin de faire des Statuts avec l'Illustrissime & Reverendissime Evesque de Paris, & le Venerable Abbé de Saint Victor, pour estre apres confirmez par le Saint Siege Apostolique, & à eux donnez à observer pour Regle de vie Religieuse. Le Roy, fort réjoüy de voir si heureusement naistre vn si

C ij

Saint Ordre en son Royaume, permît tres-volontiers à ces deux Bien-heureux Personnages de retourner en leur solitude, lieu de leur derniere demeure, & d'y faire construire vn Monastere, & par tout ailleurs où bon leur sembleroit. Ils y édifierent celuy qui s'y voit maintenant, qui est fort celebre, nommé, Cerfroy, y recevant en même temps plusieurs Novices pour donner accroissement à cet Ordre naissant. Cela fait, Saint Iean, apres avoir composé des Status de concert avec ledit Evesque de Paris & l'Abbé de Saint Victor, laissant son tres-cher Confrere Saint Felix pour Superieur en ce nouveau Convent, s'en retourna à Rome presenter ces Status au Saint Pere, qui les confirma, y ayant corrigé ce qu'il jugea à propos. Et retenant ce Saint Patriarche, auprés de soy, il luy fit bastir vn fameux Monastere à Rome sur le Mont Celien, qu'il dotta de grands revenus, & dont il donna l'Administration à ce Saint Homme pour toute sa vie, en qualité de premier Pere Ministre General de tout son Ordre, lequel aussi-tost y receut grand nombre de Religieux pour establir des Convents par tout le monde.

En effet, ces deux Saints Patriarches, cultiverent si bien cet Ordre, que dix ans aprés son institution il avoit des Maisons fondées par tout, en Italie, en France, en Espagne, en Angleterre, en Hibernie, mesme en la Terre-Sainte: & fut remarqué en ce temps-là, que les Messes qui se disoient par an audit Ordre, montoient au nombre de trentedeux mille.

Presentement il est divisé en douze Provinces. La France en contient six, dont plusieurs Convents sont de la fondation des Rois & des Princes François, particulierement du grand Saint Louis, en reconnoissance des bons Offices que cét Ordre a rendus en leurs Guerres Saintes contre les Infideles. L'Italie, deux. Et l'Espagne, y compris le Portugal, quatre; en toutes lesquelles on conte environ deux cens cinquante Convens tant de Religieux, que de Religieuses; sans parler de ceux qui sont és Indes Orientale, & Occidentale. Le nombre des Religieux de toutes ces Provinces est d'environ quatre mille, & des Religieuses, quatre cens. L'Angleterre, l'Ecosse, & l'Hibernie faisoient encore deux Provinces, mais les Monasteres en ont esté ruïnez, & les Religieux cruellement martyrisez par les Heretiques. Il y avoit aussi en la Terre-Sainte, au commencement de cét Ordre, vn grand nombre de Provinces, & de Maisons, qui s'y estoient establies en suitte des Victoires remportées sur les Infideles; qui

C iij

l'avoient tyranniquement vsurpée, mais enfin ces Barbares y estant rentrez, y ont pareillement mis à mort tous les Religieux, en hayne de Iesus-Christ, qui le premier l'avoit consacrée de son Sang pour la Redemption generale de tous les hommes Cet Ordre a eu jusqu'à cette heure 28. Reverendissimes Peres Generaux, tous François de nation, à cause de son premier établissement en France, & de ses Patriarches qui en estoient Originaires : ausquels les Religieux d'Italie, d'Espagne, & de tous les autres Païs, se sont tousiours soûmis & ont presté l'Obeïssance.

Quelques vns ont curieusement supputé que le nombre des Religieux, & des Religieuses de cet Ordre, qui ont glorieusement enduré le Martyre tant par les Heretiques, que par les Turcs & Mahometans, est de plus de sept mille. L'on a aussi observé, que ce même Ordre a donné à l'Eglise dix ou douze Cardinaux, & plus de cinquante Archevesques & Euesques, dont sept ont esté Primats & Patriarches. Quant aux grands Personnages de cette Sainte Religion, lesquels ont paru tres-recommandables en Doctrine, & en Pieté, qui ont esté tres-celebres Predicateurs, & excellents Escrivains, au grand avantage de l'Eglise vniverselle, ils ne se peuvent nombrer, l'Espagne seule en ayant produit autant qu'il y a d'Estoiles au Ciel.

Il est donc facile de reconnoistre, que cet Ordre a esté effectivement planté de la main Toute-puissante de Dieu le Pere dans le parterre de son Eglise: qu'il a esté provigné par la Sagesse Eternelle de son Verbe : & arrosé des eaux fecondes du Saint-Esprit, puisqu'il y a pris de si profondes racines, & qu'il y subsiste si heureusement depuis prés de cinq cens ans, malgré toutes les tempestes & les bourasques dont il a esté agité ; car ce que Dieu n'a pas planté, ne peut pas subsister : *Omnis plantatio quam non plantavit Pater meus, eradicabitur.* Il faut asseurer que la Tres-Sainte Trinité a autant operé en sa Conservation, qu'en son Institution, le premier estant consecutif du dernier.

CHAPITRE V.

Les graces & Privileges concedez, tant à l'Ordre de la Tres-Sainte Trinité, qu'à la Confrerie & aux Bienfaiteurs d'iceluy, par le Saint Siege Apostolique en faveur de la Redemption des Captifs, depuis le commencement dudit Ordre, jusques à cette heure.

S'Il est vray que l'Ordre de la Tres-Sainte Trinité tire son excellence de son Nom,

& de son Institution miraculeuse, Il est certain que les graces, qui luy ont esté octroyées par le Saint Siége Apostolique, contribuent encore beaucoup à sa Noblesse, car le nombre en est infini.

Le Saint Pere le Pape Innocent 3. ayant declaré & approuvé cét Ordre avec ses Constitutions, il le prit en sa protection & en celle du Saint-Siege, & en sa seule Iurisdiction immediate, l'exemtant par sa Bulle de 1209. de toute autre, faisant défenses à qui que ce soit, de le troubler en ses droits, possessions, & appartenances, qu'il avoit, & auroit, par la liberalité des Rois, des Princes, & des Personnes Charitables, à peine d'Excommunication, d'Anathéme, & malediction eternelle au dernier jour du Iuste Iuge, & donnant benediction de la part de Dieu à tous ses Bien-faiteurs, Conservateurs, & Protecteurs.

De plus, considerant que cet Ordre ne pourroit pas luy seul faire les grands frais & despenses necessaires pour le Rachat des Captifs, il donna pouvoir à ces nouveaux Religieux de cueillir des Aumônes par tout, d'ériger vne Confrerie sous le Titre de la Tres-Sainte Trinité pour la Redemption des Captifs, & d'y admettre toutes Personnes qui voudroient par devotion s'y faire enregistrer, & contribuer de leurs biens, de leurs prieres, ou de leurs bons conseils pour ayder à cette œuvre charitable: faisant participans les Confreres & Cooperateurs d'icelle, eux, leurs Parens & Amis, viuans & Trépassez, de toutes les prieres, suffrages & biens spirituels qui se feroient par tous les Religieux dudit Ordre, & generalement par toute l'Eglise vniuerselle, comme des Stations de Rome, Pelerinages de la Terre-Sainte, Visitations des Saints Lieux, de Ierusalem, de Saint Iacques en Galice, & autres, en tout temps à perpetuité, & octroyant pour chaque Aumosne qui se feroit pour la Redemption, sept ans de pardon: & à ceux qui en seroient cause, trois ans & trois quarantaines. Cette Confrerie fut approuvée peu de temps aprés au grand Concile de Latran en 1215. composé de deux cens tant Archevesques, qu'Evesques, & de plus de huit cens Abbez & Prieurs, où presidoit ledit Souverain Pontife avec le Sacré Collège des Cardinaux, deux Patriarches, celuy de Constantinople, celuy de Hierusalem, & les Deputés de ceux d'Anthioche, & d'Alexandrie.

D'où il faut observer, que ladite Confrérie n'est pas moins ancienne que son Ordre: qu'elle ne reconnoît pareillement autre Instituteur que la Tres-Sainte Trinité, Dieu presidant à ce Saint Concile, & qu'elle a esté depuis receuë, cherie & embrassée par toute la Chrestienté, estant puissamment autorisée de Nosseigneurs les Evesques Successeurs de ceux qui composoient ce Concile œcumenique & Orthodoxe.

Ce seroit entreprendre l'infini de vouloir produire icy en détail les Bulles des Souverains Pontifes, qui de temps en têps depuis ce grand Pape leur Predecesseur, confirmans ses Indults & Concessions, ont encore élargi, comme à l'envy, de nouveaux Tresors de graces & de faveurs à cet Ordre & à cette Confrerie. (A laquelle il faut noter, que dés son commencement a esté vnie par les mêmes S. Peres, avec participation reciproque de graces & de Privileges, la Confrerie de la Tres-Sainte Vierge, soûs le titre du Remede, ou de bon-Remede, honorée par tous les Religieux & Confreres dudit Ordre, comme la Fille du Pere, la Mere du Fils, l'Epouze du Saint-Esprit, & le Temple de toute la Trinité ; & particulierement comme la Consolatrice, l'Esperance & le souverain Remede des Pauvres Captifs en leurs miseres & afflictions.) Pour faire aucunement voir que les thresors de biens spirituels & de graces, dont l'Ordre & la Confrerie de la Tres-Sainte Trinité ont esté enrichis par les Lieutenans de Dieu en terre, comme en estant les Dépositaires & Dispensateurs, sont infinis & inépuisables, ce seroit assés d'asseurer que cinquante Papes consecutifs ont chacun jugé necessaire, en consideration du Rachapt des Chrestiens Esclaves, de les en combler, sans aucune revocation ; Mais disons de plus, que les Papes Leon X. Adrian VI. Gregoire XIII. Sixte V. & Innocent IX. ont octroyé par communication & extention (outre les tres-amples Concessions particulieres de leurs Predecesseurs, & de leurs Successeurs) que les Religieux, Confreres, Sœurs, & Bienfaiteurs de ladite Confrerie, qui feront Aumônes pour la Redemption des Captifs, ou qui par devotion, sans obligation d'aucun vœu, porteront vn Scapulaire dudit Ordre, benit, & receu de la main des Superieurs d'iceluy, ou de quelqu'vn deputé par eux, seront participans & joüiront de tous les Privileges, graces, remissions, absolutions, & Indulgences plenieres concedées par Signature à toutes autres Eglises, Communautez, Ordres, Religions, soit Mandians ou non Mandians, en tout & partout, comme si elles avoient esté specialement & respectivement données & concedées audit Ordre & à ceux de ladite Confrerie : déclarans que tant les Privileges dudit Ordre, que les graces & Indulgences qui luy ont esté concedées, sont partout valables, mesme hors les Maisons & Convents, & que les Confreres peuvent partout gagner les Indulgences, & mesme dans leurs Chambres, dans leur lict, en cas de maladie, & n'estant en commodité d'Eglises dudit Ordre, ou d'autres.

Tout ce que dessus a esté confirmé par le Saint Pere le Pape Alexandre 7. d'heureuse memoire, par son Bref du 9. Decembre 1655. Et le sera aussi bien-tost, Dieu aydant, par Clement 9. son tres-digne Successeur presentement seant.

L'on voit delà, que les Religieux, Confreres, Sœurs, & Bienfaiteurs de cet Ordre & Confrerie (outre ce qui leur est propre & particulier) sont participans des Privileges & des graces presque sans nombre, de toutes les autres Confreries, encore qu'ils n'en soient pas, à sçavoir du Rosaire, de Nostre-Dame du Mont Carmel, du Cordon Saint François, de la Ceinture de Saint Augustin, de la Societé de Iesus, de Saint François de Paule, &c. en faisant & disant ce qui est porté par les Bulles. Et qu'ils jouyssent de plus, par Communication, des thresors immenses & infinis d'Indulgences des Stations de Rome, Pelerinages de la Terre-Sainte, Visitations des Saints Lieux de Ierusalem, de

Saint Iaques en Galice, & autres. Partant on ne peut pas douter que l'Ordre de la Tres-Sainte Trinité n'excelle par dessus tous ceux qui brillent dans l'Eglise, non seulement à raison de son Titre & de son Employ, mais encore à cause de ses Privileges en faveur de la Redemption des Captifs. Ce qui se peut mieux & plus amplement voir dans les Livres de Confreries dudit Ordre aussi doctement, que fidélement écrits par de Celebres Auteurs, & bien aprouvez.

CHAPITRE VI.

Redemptions de Captifs faites depuis l'Institution de l'Ordre de la Tres-Sainte Trinité jusqu'à l'an 1666.

L'Ordre de la Tres-Sainte Trinité ne fut pas plûtost institué, qu'vn an aprés, le Bien-heureux Saint Iean de la Matte, son premier General, fit bien voir que Dieu ne l'avoit pas estably si miraculeusement en son Eglise, pour y demeurer sterile & infructueux: & qu'il ne luy en avoit pas donné l'Administration, pour paroître insensible aux miseres des pauvres Chrestiens Captifs entre les mains des Infidelles & des Barbares ; car ayant ramassé vne somme fort considerable d'argent, aumôné tant par le Saint Pere le Pape, que par le Roy Philippe Auguste, & autres Princes & Seigneurs Italiens & François, il députa deux de ses plus zelez Religieux pour aller à Marroc, ville Capitale de la Mauritanie, faire la Redemption des Captifs, lesquels y estoient en grand nombre, & en grande affliction, & leur obtint Lettre de recommandation dudit Souverain Pontife, addressante à Miramolin, Roy des Maures, par laquelle sa Sainteté donnoit avis à ce Barbare, que ces deux Peres estoient d'vne Religion nouvellement instituée pour le Rachapt des Captifs, qui estoit vne œuvre de Charité également vtile aux Infidéles & aux Fidéles, c'est pourquoy il le prioit de leur estre favorable à la délivrance d'Esclaves qu'ils pretendoient faire. Ces deux Deputez retournerent heureusement en France avec 186. Captifs rachetez, lesquels furent receus à Marseille avec joye & applaudissement de tout le Peuple, qui benissoit Dieu d'vne si Sainte Institution de Religieux.

Deux ans apres, ce Bien-heureux Patriarche, voyant son Ordre suffisamment peuplé pour subsister en son absence, afin de servir d'exemple, fit luy-méme le traité

Tunis ville d'Afrique, proche des ruïnes de l'Ancienne Carthage, d'où il racheta six-vingts Chrestiens, qu'il fit voir au Pape & à toute la ville de Rome, plus Triomphant avec cette Sainte Trouppe, que n'estoient les Cesars avec leurs Captifs de guerre.

Et pour vne derniere preuve de son zele incroyable à s'acquiter dignement de sa Charge & du Saint Institut de son Ordre, à peine fut-il revenu de ce premier voyage, qu'apres avoir luy-mesme questé des Aumosnes par tout, presché comme vn Apostre & exhorté puissamment les Fideles à la Charité pour cette Sainte œuvre de la Redemption, il retourna vne seconde fois audit Tunis pour en tirer encore vn bon nombre de Chrestiens Esclaves, lesquels il n'avoit pû racheter la premiere fois faute d'argent, & qu'il ramena heureusement à la coste d'Italie. Mais sa navigation ne se fit pas sans vn insigne Miracle, & qui n'est pas des moindres de ceux dont sa vie est pleine; car ayant à son retour fait rencontre de Pirates & Corsaires Barbares, qui fâchez de le voir faire de si pieux voyages, voulurent le faire perir avec ses chers affranchis, ainsi que les Iuifs, le Saint Lazare avec ses deux Sœurs & Saint Maximin, leur ostant voiles & rames, & laissant leur Vaisseau au gré des vents & des Vagues; Ce

Saint Libérateur de Chrétiens mettant son espérance au divin Rédempteur, qui commanda autrefois aux Vents, & à la Mer, attacha son Manteau aux antennes, en façon de voiles: & faisant ses prieres au Ciel, obtint un Vent & une Mer si favorables, qu'avec ce morceau d'étoffe, il surgit heureusement & en peu de temps au Port d'Ostie, au grand estonnement de tout le monde.

Les fideles Historiens & Chroniqueurs de cet Ordre nous aprennent, que la Pieté incomparable de ce grand Patriarche s'est si bien communiquée à tous ses Successeurs Generaux, ses parfaits Imitateurs, qu'il est impossible de nombrer les Captifs qui ont esté délivrez par les Redemptions tant Generales, que Provinciales, & particulieres, faites par leurs soins & sous leurs Sages Auspices depuis son glorieux decez. Commençant par l'Espagne: les Religieux de la Trinité fondez en l'une & en l'autre Castille, & au Royaume de Leon, ont fait depuis l'an 1212. jusqu'à present plus de 363. Redemptions, ausquelles ils ont racheté cinq Corps Saints, plusieurs Images, & Reliques, avec plus d'onze mille cinq cens cinquante Chrétiens, pendant mesme les plus grandes guerres. Ceux de Portugal en 29. Redemptions, ont donné la Liberté à cinq mille sept cens quatre-vingts &

te-vingts & douze Captifs. Ceux d'Aragon ont fait 72. Redemptions, & ont retiré dix mille quatre-vingts Esclaves. Ceux d'Angleterre (lors qu'elle estoit Catholique) suivant les Memoires qu'on a pû recouvrer, ont fait cent quatre vingts & six Redemptions. Et ceux d'Escosse cinquante-quatre. De ce grand Nombre de Redemptions, jugez du grand nombre de Chrestiens remis en liberté, lequel ne se peut pas sçavoir precisément.

Les changemens de Religions, & d'Empires, les pestes & maladies contagieuses, comme aussi les ruines & desolations de plusieurs Provinces & Roiaumes, sont cause que nous ignorons encore les Redemptions faites par les Religieux d'Allemagne, d'Italie, d'Afrique, de Constantinople, & de la Terre Sainte.

Et pour parler des Religieux de la Trinité de nostre France, il est tres-constant qu'ils ont esté si attachez à ce saint exercice de la Redemption, qu'ils y ont employé tout ce qui leur a esté donné, ne prenans pas garde mesme à se bien establir & fonder, comme les autres Religieux, dans les bonnes villes; ce qui est cause que toutes leurs Maisons sont petites & pauvres, la plus-part ayans esté ruinées par les guerres. Le nombre des Redemptions qu'ils ont faites, est de plus

D

de 250. & des Chrestiens tant Religieux & Ecclesiastiques, que Seculiers & Laïques rachetez, de plus de vingt mille. Et il ne s'en faut pas étonner, car les Reverendissimes Peres Generaux, à l'Imitation de leur tres-Charitable Patriarche Saint Iean de la Matte, au commencement de cét Ordre naissant, faisoient eux-mémes ces grands voïages de la Redemption, & envoyoient non seulement leurs Religieux à la suitte des armées Chrétiennes (principalement de celles des Rois & Princes de France) vnies ensemble en la guerre contre les Turcs, pour le recouvrement de la Terre-Sainte, mais aussi y alloient en personne, ou à fin de racheter ceux qui tomboient Captifs entre les mains des Mahometans, où du moins, à fin de consoler spirituellement & corporellement les malades & les blessez. Guillaume 3. General, Successeur de Iean 2. du nom, dont la vie fut fort courte, mourut au voyage de la Redemption & fut inhumé à Cordouë. Michel, s'estant proposé le mesme but, trouva la mesme fin, parce qu'allant à Grenade pour y racheter des Esclaves, il apprit en chemin la sedition qui estoit en ce Royaume, ce qui l'obliga de retourner par Rome, où il deceda.

Mais Nicolas, premier de ce nom, accompagné de plusieurs de ses Religieux, suivit le grand Saint Louis en la Terre-Sainte, où il acquît beaucoup de renom par le Rachapt qu'il fit d'vn grand nombre d'Esclaves Chrétiens.

Et Pierre, aussi premier du nom, fut honoré des bonnes graces du mesme St. Louis, & de Philippe, en faisant les mesmes Oeuvres heroïques en ces guerres Saintes, que ledit Nicolas son tres pieux Predecesseur; car, assistant ce Saint Roy à la mort, au second voyage d'outre-mer, qu'il entreprît à Tunis, pour dernier témoignage de sa deuotion & de sa bien-veillance Royale envers son Ordre (dont il avoit desia fondé plusieurs Conuents, comme nous avons remarqué cy-devant) il receut en pur don de luy sa Couronne d'argent doré, enrichie de beaucoup de Saintes Reliques, & particulierement d'vne Espine de la Couronne de Nostre Seigneur, & des Cheueux de la Vierge. De plus, il luy donna son Manteau Royal, vne petite cassette ou écritoire, & vne paire de ses gans de soye. Le tout se voit encore en son entier au Convent de Paris, où faisoit pour lors sa demeure ledit Pierre General, & y est gardé soigneusement.

Le Reverendissime Pere Robert Gaguin, cét excellent Historiographe de France, renommé par tant de doctes Ecrits, & de si glorieux emplois dedans, & dehors le Royaume, qui luy ont trouué lieu parmy les hommes Illustres, ne donna pas de moindres marques de sa Pieté envers les pauvres Chrétiens Captifs, que ses Predecesseurs, allant luy-mesme à Grenade, d'où il en ramena grande quantité.

Que si les Reverendissimes Peres Generaux de cet Ordre n'ont pas fait en personne quelquefois tous les penibles voyages, qu'il a fallu entreprendre pour l'affranchissement de tant de Captifs rachetés, ce n'a esté que quand leur presence à esté necessaire en France, pour l'Administration de leur Charge, & en ce cas ils ont assez fait connoître leur soin & leur zele, envoyans en leur place des Religieux choisis par eux & par leurs Chapitres Generaux.

Et si quelqu'vn desiroit sçavoir, pourquoy cette Sainte Religion ne fait pas maintenant de si frequentes & copieuses Redemptions, qu'elle en faisoit aux premiers siecles de son Establissement, c'est, helás! que les affaires des Rois & Princes Chrestiens ne permettant pas de joindre leurs armes pour aller en ces guerres Saintes contre les Infideles, comme ils faisoient à lors, la ferveur de la Charité pour les Captifs s'est éteinte, & les Aumônes de leurs freres Chrestiens sont devenuës aussi petites, principalement en France, qu'elles estoient grandes partout en ce temps-là. C'est pourquoy il faut attendre quelquefois plusieurs années pour faire vne somme suffisante à racheter vn nombre vn peu considerable de Captifs ; & n'estoit la taxe annüelle des Maisons de cet Ordre, qui contribuent d'vne partie de leur peu de revenu, à peine pourroit-on faire vne Redemption notable : car les Captifs ne coustent pas moins, ordinairement, de deux, trois, quatre, ou cinq cens Escus, c'est le prix commun des François & de quelques vns d'autre Nation ; mais celuy des Espagnols (qui n'ont jamais voulu de paix avec ces Infideles) excede deux mille francs, pour des Captifs du commun ; & pour ceux qui sont estimez de condition, de toutes Nations, il passe mille Escus, & va souvent mesmes jusqu'à dix mille. Ce qui fait que les Charitez sont plus grandes en Espagne, qu'ailleurs, & que sa Majesté Catholique donne les droits de confiscation, d'Amendes, d'Obeines & biens trouvez pour la Redemption de ses sujets.

Neanmoins nous lisons, que de nostre siecle, nos petites Provinces de France n'ont pas peu travaillé à ladite Redemption ; car en 1602. nostre Reverendissime Pere General

François receut dans son Convent de Paris 74. Chrestiens Captifs, & quatre jeunes Turcs, rachetez bien cher, & avec risque des Redempteurs, accusez d'estre espions du Grand-Seigneur.

En 1609. trois Venerables Peres, Bernard de Monroy, & deux autres, ayant esté pour faire la Redemption en Alger, au lieu de ramener le bon nombre d'Esclaves qu'ils y avoient racheté & bien payé, furent, par vne avanie Turquesque, arrestez Captifs, leurs Affranchis remis aux fers, sans que jamais l'Ordre les peust retirer, ny par argent, ny par lettres de faveur de nostre Roy Tres-Chrestien, ny par aucun autre moyen. Et apres plusieurs années de miseres, ils y moururent enfin comme Martyrs. Ainsi leur argent fut perdu. Ce qui fit differer à renvoyer en Barbarie jusques en 1624. en laquelle année se firent d'aslés copieuses Redemptions, ainsi qu'en 1627. & 1630.

En 1635. quatre Peres envoyez en Alger, ne peurent jamais traiter avec les Infideles pour le Rachapt d'aucun Captif, pendant plus de deux ans & demy en ce voyage, au grand danger de leurs vies, qu'ils furent obligez de risquer encore, allans à Tunis, d'où ils ramenerent 43. Captifs, qui furent receus le 20. May à la Porte Saint Antoine de Paris par nos Peres, & conduits processionnellement en nostre Convent avec toute la magnificence possible; & le lendemain avec le mesme ordre, furent menez en l'Eglise Metropolitaine de Nostre-Dame, & de là en l'Eglise Saint Nicolas des Champs.

Le 23. de Novembre 1637. entrerent aussi audit Paris, avec les mesmes pompes & ceremonies, 36. Esclaves, rachetez pareillement à Tunis.

En la mesme année, les R R. Peres Escoffic, & Basire, enuoyez pour faire la Redemption en Alger, s'estant embarquez avec leur argent le 7. de Decembre à Toulon, dans le Vaisseau Amiral du Sieur de Mantis Commandeur de la flotte du Roy, composée de treize Navires armez en guerre, qui auoient ordre de se trouver devant ledit Alger, pour faire rendre degré ou de force tous les Captifs François: les Salves faites & renduës dans le port, & le signal donné pour se mettre à la Voile, à peine eut-on pris le vent, aux fanfares des trompettes, & au tonnerre des canonades, que voicy vne furieuse & fougueuse tempeste, laquelle menaçant de tout rompre & de tout perdre, dissipe & disperse tous ces Navires, l'vn d'vn costé, l'autre d'vn autre, sans que pas vn se peust tenir en la route. L'Admiral (vn des plus beaux

Vaisseaux que la Mer ait jamais porté, d'environ cent pieces de Canon) fut obligé de relascher à la Iasse pour y estre réparé, ayant eu de si rudes secousses pendant la bourrasque, qu'il faisoit plus d'eau, que toutes les pompes n'en pouvoient ietter dehors nuit & jour. Estant refait, il reprit sa route vers Alger, où il ne fut pas plustost arrivé le 25. dudit mois, (sans y trouver aucun de ses Cõpagnons) que ledit sieur de Mantis tomba en apoplexie, dont il pensa mourir. Apres estre revenu à soy, il somma cette ville de rendre les Esclaves François aux conditions portées par les ordres du Roy; mais voyant qu'elle faisoit la sourde oreille, il commanda de lever l'ancre, & d'arborer la banniere rouge en signe de guerre qu'il luy declaroit, allant chercher les autres Vaisseaux de son escadre aux Isles Fromentiere, Yuice, & Baleares, pour la venir faire respondre. Or n'y faisant rencontre d'aucun desdits Vaisseaux, il fut contraint de retourner à Toulon sans avoir rien fait, où il arriva le 16. de Decembre. Et les pauvres Peres se retirerent en leur Convent de Marseille à demi-morts de se voir ainsi frustrez de leurs esperances, & d'avoir fait vn voyage inutile. Pour toute consolation, Monseigneur l'Illustrissime & Reverendissime Archevesque de Bordeaux, General de l'Armée navale du Roy, leur fit expedier son Certificat en bonne forme le 23. dudit mois de Decembre, touchant leur diligence, leurs soins & leur peines à se bien acquiter de leur Commission.

Au mois d'Aoust de l'année suivante, 1638. ces bons Peres (lesquels depuis si long-temps attendoient l'occasion favorable pour faire leur Redemption en Alger, plustost qu'en aucune autre Ville de Barbarie, dautant qu'il y avoit beaucoup de Captifs, qui leur estoient particulierement recommandez) ayans eu avis que Monsieur le Comte de Harcourt estoit à Toulon prest à partir avec vne Armée navale, pour aller en Alger executer la commission dudit sieur de Mantis, le furent prier de leur donner place en l'vn de ses Vaisseaux : il leur accorda cette grace aussi volontiers, que le sieur de Mantis avoit fait. Mais comme les Vaisseaux se disposoient à sortir du Port, les nouvelles arriverent du combat des Galeres de France és costes de Gennes ; ce qui obligea ledit Seigneur de quicter l'entreprise d'Alger, & de partir aussi tost pour Gennes. Ainsi il fallut que ces Peres missent pied à terre pour s'en retourner vne seconde fois en leur solitude de Marseille, avec vn redoublement de tristesse & de déplaisir, de voir leurs bons desseins tellement traversez.

En 1639. au mois de Iuillet, le Seigneur de Harcourt leur fit escrire de Toulon, qu'il estoit prest à partir pour Alger, & qu'il n'attendoit plus qu'eux. Ils furent en même temps le joindre aux Isles d'Hieres, où il estoit à l'Ancre avec vingt navires de guerre. Au moment qu'il alloit faire voiles, il receut ordres du Roy de passer en Italie, à cause de la revolte de Turin, & de Nisse en Provence. C'est pourquoy les bons Peres furent obligez pour la 3. fois de retourner avec leur tristesse & leur équipage se renfermer en leur cellules de Marseille, pour y prier Dieu de leur donner patience.

Ils chercherent en 1640. tous les moyens possibles de faire leur Redemption à Tetoüan Ville d'Afrique, puisqu'il sembloit que Dieu ne vouloit pas qu'ils la fissent en Alger: mais la mauuaise foy de certains Marchands étouffa encore leurs entreprises.

Enfin, pour sortir de ce Labyrinthe, Dieu, (auquel ils auoient tousjours mis toute leur confiance) les inspira de hasarder encore leurs personnes & leurs vies à l'inconstance des eaux, & de s'embarquer seuls pour aller faire la Redéption à Tunis. Ils naulizerent exprés & loüerent à cét effet vn bastiment (assez mal armé & équipé, pour ne pas faire des frais excessifs) & partans du Port de Mar-

...eille le 22. Ianvier 1641. il arriuerent le 9. Fevrier audit Tunis : où pendant leur seiour de deux mois & demy, aprés des peines & des dangers incroyables, ils racheterent 40. Captifs, qu'ils ramenerent en France, lesquels furent magnifiquement reçeus à Paris le 23. de May audit an 1641.

L'année suivante 1642. le 22. de Novembre, ledit R. Pere Escoffié racheta encore à Salé 41. Captifs, non avec moins de peines que ceux de l'année precedente. Ils furent reçeus en l'Abbaye Royale de Saint Victor de Paris, delà conduits processionnellement en nostre Convent, avec les mesmes ceremonies qu'aux autres receptions : le lendemain, en l'Eglise Saint Germain de l'Auxerrois.

Le 20. Septembre de l'année 1643. cinquante Esclaves rachetez en Alger firent leur entrée dans Paris, ainsi que les autres ; & le jour suiuant furent menez avec pareil Ordre de nostre Eglise en celle de Saint Leu Saint Gilles.

Depuis ce temps-là, le fond des deniers de la Redemption estant épuisé par les frequentes Redemptions cy-dessus : la difficulté de negotier avec les Barbares continuant, & le decez du Reverendissime Pere General Louis Petit estant survenu, l'on n'a pû faire de Redemptions qu'on 1654. sous le Reverendissime Pere General Ralle, Successeur dudit Petit, lequel envoya à Salé au mois d'Aoust 1653. les R R. Peres Anroux & Heron éleus au Chapitre General, d'où ils retournerent, apres avoir sejourné trois mois & demy en cette Ville Barbare, & estre eschapez miraculeusement de plusieurs hazards, avec 55. Captifs, qui furent receus au Convent des Reverends Peres Celestins de Paris le 13. Septembre 1654. delà, conduits en procession avec tres-belles ceremonies en nostre Convent des Peres Maturins; & le jour d'apres, en l'Eglise de Saint Iacques de la Boucherie.

Peu de temps apres, ledit Reverendissime Pere General Ralle decedant, l'Ordre eut tant d'affaires à démesler, qu'il fallut differer la Redemption jusque en 1666. Alors le Reverendissime Pere Mercier dignement promû au Generalat, donna bien à connoistre que son zele pour cette œuvre Sainte n'estoit pas moindre que celuy de ses Predecesseurs, faisant faire le Rachapt de 57. Captifs en Alger par le susdit Reverend Pere Heron, (homme de singuliere experience en ce sacré negoce, pour l'avoir desja fait à Salé, avec tout le bon succez que l'on en pouvoit attendre) lesquels arriverent à Paris au mois de Mars de ladite année, pendant les rigueurs d'vn tres-fâcheux hiver, & se firent voir en tres-bel ordre à toute cette grande Ville, rendans leurs actions de graces à Dieu pour l'heureuse délivrance de leur insupportable Captivité d'entre les mains des Infideles Barbares.

Reste que nous parlions icy d'autant plus amplement des trois Redemptions qui se sont faites depuis, par nostre petit ministere en 1666. & 1667. que c'est à leur occasion que nous escrivons cet Abregé.

CHAPITRE VII.

Relation des deux Redemptions faites à Tunis, & en Alger en l'année 1666.

Entre toutes les vertus dont le Reverendissime Pere Mercier, General de tout l'Ordre de la Tres-Sainte Trinité, est avantageusement orné, & qui relevent particulierement son rare merite, on ne peut pas douter que la Pieté envers les Captifs ne tienne le premier rang; Car il ne fut pas plûtost élevé au Generalat, que nonobstant mille obstacles, il disposa la Redemption cy-dessus, qui s'accomplit heureusement en 1660. Et à fin d'exciter tout son Ordre à redoubler ses efforts pour la continuation de l'Employ qui est le principal but de son Institution, dont il sembloit que la misere du siecle vouloit empescher l'exercice, il n'épargna ny soins ny sueurs pendant quatre ans à visiter tous ses Convents, en France, Champagne, Provence, Languedoc, Guienne, & en suitte dans toute l'Espagne, d'où il ne retourna point, qu'il n'eust fait faire par les Religieux de ce grand Royaume deux nombreuses Redemptions pour fruit de ses visites, l'vne de 127. Captifs, & l'autre de 201. A son arriuée en France sur la fin de l'année 1664. apres vne infinité de peines essuyées durant vn si long temps & vne si longue absence, il se montra infatigable, trauaillant aussi-tost avec toute la diligence possible, à mettre les affaires de son Ordre en tel estat, qu'il peust assembler, peu de temps apres, tous les Superieurs & Ministres des quatre Provinces de France, pour deliberer, principalement, touchant les moyens d'enuoyer au plûtot en Barbarie retirer les pauvres Captifs François; qu'il auoit appris de ceux d'Espagne y estre en tres-grand nombre, & y souffrir des miseres extremes

A cet effet il convoqua lesdits Superieurs à vn Chapitre General, (lesquels depuis l'Institution de l'Ordre ont accoustumé de composer eux seuls tels Chapitres, & le Reverendissime Pere General, d'y presider, mesmes d'y estre éleu, vn Custos de l'Ordre y presidant) leur enjoignant par vne Lettre circulaire d'Indiction, de s'y trouver au quatriéme Dimanche d'apres Pasques de l'année 1665 ensuivante. Ce fut-là que ces Reverends Peres, ayans plus d'égard à nostre bonne volonté, qu'à nôtre suffisance, jetterent les yeux sur nous & firent choix de nos Personnes pour aller faire la Redemption en Barbarie suivant les Réglemens établis & les Deliberations prises en cette Assemblée Generale. Cette Election estant en même-temps confirmée par ledit Reverendissime Pere Mercier nôtre General, presidant audit Chapitre, nous voila engagez à vn voyage dont la Sainte Obeïssance ne permet pas de nous excuser, ni nostre Profession, d'en demander dispense. Il nous est enjoint de nous tenir prests à partir au plustost.

NOSTRE DEPART DE FRANCE.

Au mois de Mars de l'année 1666, ledit Reverendissime Pere General, ayant depuis ledit Chapitre, employé tous ses soins conjointement avec le Reverend Pere

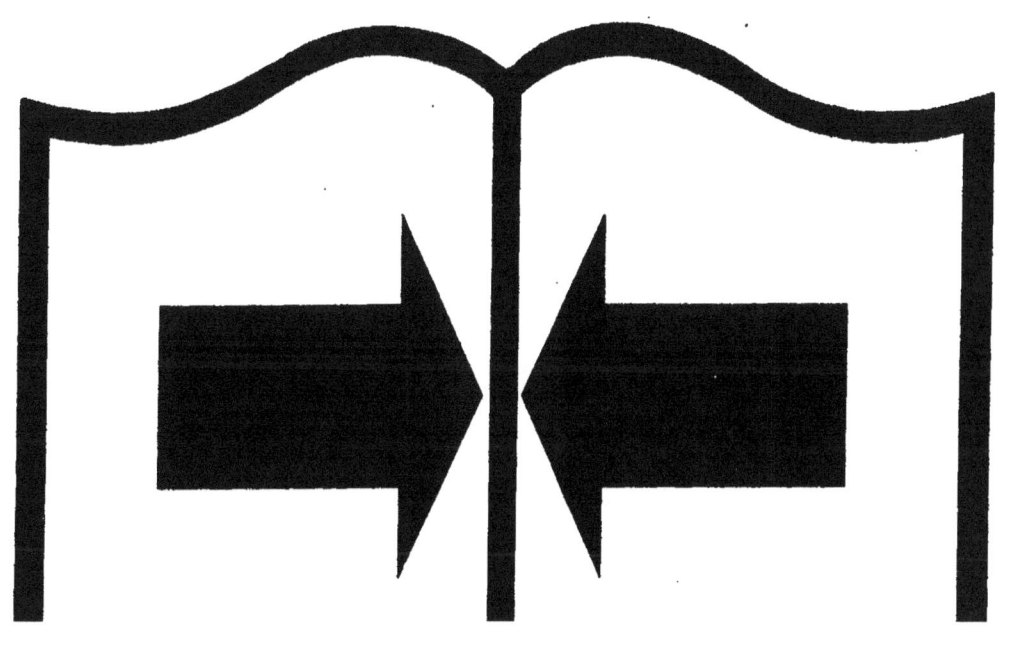

Doyneau, Procureur general de la Redemption, & ses Substituts, à faire payer exactement ce qui estoit escheu des Taxes annuelles que les Convents desdites quatre Provinces de France contribuent pour les Captifs, & à ramasser en divers endroits les Aumônes & Charitez des personnes affectionnées à ce Saint œuvre : ayant aussi fait publier le Départ pour ladite Redemption en Alger, il nous fit expedier vn Mandement de nous trouver à Paris le premier iour d'Avril ensuivant, pour y receuoir ses ordres aux fins de nostre Election, à quoy nous obeïsmes punctuellement tous quatre.

Et le 3. iour du même mois, qui estoit vn Samedy, apres avoir fait nos vœux & nos prieres à la Sainte Vierge, & dit la Sainte Messe à son honneur, (ce iour-là luy estant particulierement consacré par nôtre Ordre depuis son Institution) Nostre-dit Reverendissime Pere General nous donna sa Benediction solemnellement en l'Eglise sur les marche-pieds du Grand Autel en la forme ordinaire pour les Religieux allans à la Redemption, & nous mit en main sa Commission, dont voicy la teneur.

NOS FRA-

NOS FRATER PETRVS MERCIER, in Sacrâ Theologiâ Magister, Maior ac Generalis Minister totius Ordinis Sanctissimæ Trinitatis, & Redemptionis Captiuorum, Christianissimi Regis in suo Statu, ac Priuato Consilio Consiliarius, suaque Maiestati ab Eleemosynis, & Concionibus Ordinarius: Dilectis Confratribus nostris R R. P P. Fratribus Petro Michelin, Guillelmo Basire, Antonio Dachier, & Victori le Beau, Domorum nostrarum de Fonte-Iesu propè Syluellam, de Catalauno, de Lenso, & de Meldis respectiuè Ministris, plurimam in Christo Redemptore Salutem. Assumpti summâ Dei bonitate, & misericordiâ, ad supremum Augustissimi huiusce Ordinis Regimen, cui ex Instituto incumbit Captiuos Fideles è calamitosissimâ Infidelium seruitute ereptos in Filiorum Dei libertatem asserere; Christi Domini Saluatoris exemplum libenter sequimur, magnum illud charitatis opus operantis, quo nos infelices, proprio sanguine redemit venditus, honorauit iniuriatus, viuificauit extinctus. Cùm itaque, non sine dolore cordis, acceperimus, ingemiscere præ angustiâ corporis & spiritûs, non paucos Ecclesiæ Dei Filios, eósque ex hoc florentissimo Galliarum Regno oriundos, à Barbaris videlicet oppressos immaniter, & vinctos crudeliter in mendicitate & ferro miserrimorum hominum Redemptionem quantociùs exequendam (nil remorantibus, quæ vndequaque solo & salo sæuiunt, hostilium incursionum excursionúque periculis) atque ita duplici eorumdem saluti

E

consulendum censuimus, ac providendum. Et quia de vestra omnium & singulorum probitate, solertia, morum honorâ compositione, Religionisque zelo, præclarissimum habemus testimonium ac fidem integerrimam; ideo Nos, adhærentes electionibus factis de personis vestris in Redemptores, scilicet de vobis, RR. PP. Michelin, Bastre, & Dachier, in Capitulo nostri Generali, sedente apud Cernum-frigidum, Matricem & Capitalem Ordinis, anno superiori millesimo sexcentesimo sexagesimo quinto, per Provincias nostras Franciæ, Campaniæ, & Picardiæ, Belgij respectivè: de Te verò, R. P. Le Beau, per Provinciam Franciæ Congregationis Reformatæ nostri Ordinis apud Conventum nostrum Montmorentianum nuper convocatam; vos omnes, & (in defectum alicuius vel aliquorum è vobis) tres vel duos reliquos, & (tribus deficientibus) reliquum unum, nostros Commissarios, ac Vicarios, eiusdémque Redemptionis Captivorum Gestores, & Executores generales, & certos Nuncios speciales, præsentium tenore creavimus, fecimus, constituimus, & ordinavimus: creamus, facimus, constituimus, & ordinamus: dispensato (iustis de causis) R. P. Redemptore per Provinciam nostram Britanniæ, seu Normaniæ, in prædicto Capitulo nostro Generali, etiam electo: Dantes vobis plenam ac liberam facultatem, & mandatum speciale imponentes, ad dicta Redemptionis negotia, vos, cum nostra benedictione conferendi Massiliam, inde ad Africam; & ubi, quando, & cum quibus opus fuerit, tractandi, agendi, prosequendi, respondendi, stipulandi, conveniendi, commutandi, comparandi, & redimendi Captivos omnibus viis & formâ, quibus meliùs, & faciliùs potueritis; ipsos verò ubi ex miserabili servitute educti fuerint, ad Nos deducendi; eundo, & re-

deundo prædicandi, eleemosynas petendi, & colligendi, tàm pro vestra, quam prædictorum Captiuorum honesta sustentatione ; omnium Conuentuum nostri Ordinis Taxas ad Redemptionem impositas, seu residuas ; aliásque quasuis erogationes charitatiuas, & pia legata ad tam sanctum opus, vbicumque fuerint deposita, colligendi, & recipiendi, Gazophilacia reserandi, & quælibet instrumenta, & indices datorum, & acceptorum examinandi, censendi, concludendi ; distracta quæcumque repetendi, de receptis tabellas indices dandi ; omniáque efficaciter in Redemptionem Captiuorum exponendi ; rebelles & inobedientes tàm Ministros, quàm alios quoslibet Religiosos, quocumque titulo fulgeant, per Censuras Ecclesiasticas, debito iuris ordine & via ad vobis obtemperandum ; nostro nomine & vice compellendi: Fratres nostri Ordinis Discolos (si qui sint) Apostatas, Fugitiuos, Vagos, Inobedientes, & Errones absque legitimis dimissoriis, requirendi, capiendi, & puniendi: seu requiri, capi, & puniri faciendi ; Confraternitates & Societates nostri Ordinis vbicumque instituendi, & stabiliendi ; & generaliter omnia alia, & singula circa præmissa & eorum dependentias & appendices, necessaria & opportuna, gerendi & exequendi, quæ ipsi faceremus, aut agere possemus, si præsentes adessemus. Illustrissimos autem ac Reuerendissimos Dominos D. Ecclesiarum Præsules & Rectores, Excellentissimos Principes, Magistratus, Respublicas, & potentes Dynastas, & Magnates, omniúmque Communitatum Præpositos, ad quos vos diuerti ac deflectere contigerit, eundo cum comitatu vestro, ac redeundo cum Captiuis liberatis & redemptis, quantâ possumus humilitate, & reuerentiâ rogamus in Domino, quatenus pacificum in oculis suis ingressum vestrum & egressum habere dignentur, vobísque

(quos nulla censura ligat) charitatem & misericordiam eorum petentibus in tam ardui operis tractatione, consilium, fauorem, opem, auxilium, defensionem, commeatum, & protectionem in visceribus Christi impendere non grauentur, ac commendatitiis suis litteris communire. Vos autem qui non tantùm pro nobis, sed & maximè pro Christo Legatione fungimini, cognoscite (obtestamur) vosmetipsos, quia Spiritus Dei in vobis est, in quo signati estis in hanc gratiam quæ ministratur à vobis ad Dei Opt. Max. gloriam. Spiritu itaque ambulate in charitate Filij Dei viuentes, alter utrum ædificantes, inuicem seruientes, idipsum vnanimiter sentientes. Induite vos armaturam Dei, vt non moueamini in tribulationibus vestris, sed possitis resistere in die malo: in pressuris, in ærumnis, in vigilijs, in laboribus, & fatigationibus plurimis, diu noctúque operantes. Conuersationem vestram inter omnes habete bonam, vt luceatis sicut luminaria in mundo. Pauperum Dei memores estote (caro enim & fratres vestri sunt) compatimini afflictis, vinctos soluite, educite de Domo carceris sedentes in tenebris, & vmbra mortis. Impendite in pretium quæ ad manum sunt, imò superimpendimini ipsi pro animabus hominum habentium testimonium IESV; nec (si fuerit voluntas in Cœlo, vt immolemini super sacrificium & obsequium charitatis vestræ) idcircò desolemini, quin potiùs omne gaudium existimate, scientes vos in hoc esse positos, propter eum qui dilexit vos, & lauit à peccatis vestris in sanguine suo. Ipse tamen Dominus dirigat vos semper & Angelus eius sit vobiscum, ipse confirmet vos & custodiat; ipse ostendat vobis viam bonam per quam ambuletis, & det vobis pacem sempiternam in omni loco. Benedicat vos omni benedictione in cœlestibus in Christo, vt cùm Oues reduxeritis quæ peritura erant Domûs Israël in viâ gentium, ostensionem, quæ est charitatis vestra, ad sacrosanctæ, superadorandæque Trinitatis honorem, ostendatis in facie omnium Ecclesiarum. Porrò inhibemus in Virtute Sanctæ Obedientiæ, & sub pœnis horrendæ Excommunicationis & Anathematis, depositionis ab Officiis & privationis utriusque Vocis in perpetuum ipso facto vnâ pro trinâ canonicâ monitione præmissâ incurrendis, omnibus & singulis nostræ Iurisdictioni Subditis, ne quis, quâcumque facultate præditus, quocumque colore, vel prætextu quæsito & oppanso, directè vel indirectè, vobis, vestraque libertati, & Officio, negotium facessere tentet, aut præsumat; quinimò omnes cum honore & reuerentiâ in adiutorium se paratos vobis exhibeant, vt sitis sicut Ciuitas firma & ad inuicem communita, In Nomine Patris, & Filij, & Spiritûs Sancti. Datum Parisiis in celeberrimo Conuentu nostro Sanctissimæ Trinitatis, tituli Sancti Maturini, sub signis manualibus nostro, & Secretarij nostri, sigillòque ac contrasigillo Maioris nostræ Administrationis, vigesimâquintâ die mensis Martij, recolendo nostræ Redemptionis exordio (Incarnati scilicet Verbi in Annuntiata Deipara Virgine mysterio) sacrâ, anno ab eiusdem Domini Natiuitate, millesimo sexcentesimo sexagesimo sexto. Signatum, PETRVS Generalis; & inferiùs, Mandato præfati Reuerendiss. Patris ac Domini D. Generalis nostri, BONNET, Secretarius.

Traduction de cette Commission.

NOVS FRERE PIERRE MERCIER, Maître en Sainte Theologie, GENERAL & Grand-Ministre de tout l'Ordre de la Tres-

E iij

Sainte Trinité, & Redemption des Captifs, Conseiller du Roy en ses Conseils d'Estat & & Privé, Aumônier, & Predicateur ordinaire de Sa Majesté Tres-Chrétienne, A nos Chers Confreres les RR. PP. Freres Pierre Michelin, Guillaume Basire, Antoine Dachier, & Victor Le Beau, Ministres respectivement de nos Maisons de Fontaine-Iesus prés de Sylvelle, de Chaalons, de Lens, & de Meaux, Salut en Nôtre Redempteur Iesus-Christ. Estans établis par la tres-grande bonté & Misericorde de Dieu au suprême Gouvernement de cet Ordre Tres-Auguste, auquel apartient par son Institut de remettre les Fideles Captifs en la Liberté des Enfans de Dieu, les délivrant de la miserable servitude des Infidéles; Nous suivons volontiers l'exemple de Nostre Sauveur dans cette Grand'Oeuvre de Charité, par laquelle, infortunez que nous estions, il nous a rachetez de son propre Sang, en se laissant vendre, il nous a honorez souffrant les injures, & nous a rendu la vie s'exposant volontairement à la mort. Ayans donc apris, non sans vn extréme regret, qu'vn grand nombre d'Enfans de l'Eglise de Dieu, originaires mesme de ce tres-florissant Royaume de France, gemissent dans l'opression de corps & d'esprit qu'ils ressentent, estans inhumainement traitez par les Barbares, & jettez cruellement dans les cachots parmy la disette & les fers; Nous avons resolu de procurer au pluſtoſt le Rachapt de ces pauvres affligez, [nonobſtant la juſte crainte que peuvent cauſer les diverſes courſes des Ennemis, qui ſont à preſent ſi frequentes en terre & ſur mer] & ainſi de remedier & pourvoir à leur double Salut. Et par ce que nous avons vn témoignage bien certain & vne aſſeurance toute entiere de voſtre probité, induſtrie, bonnes mœurs, & zele de Religion, tant en general qu'en particulier; en adherant aux Elections faites de vos perſonnes pour Redempteurs, ſçavoir eſt, de vous, RR. PP. Michelin, Baſire, & Dachier, en noſtre Chapitre General ſeant en noſtre Maiſon de Cerfroy, Matrice & Capitale de l'Ordre, l'année derniere 1665. par nos Provinces de France, Champagne, & Picardie, de Flandre reſpectivement; & de vous, R. P. Le Beau, par la Province de France de la Congregation Reformée de noſtre Ordre aſſemblée depuis peu en noſtre Convent de Montmorency, Nous vous avons créez, faits, établis, & ordonnez tous quatre enſemble, & [au défaut de quelqu'vn, ou quelques-vns de vous] les trois ou deux reſtans, & [trois defaillans] le ſeul qui reſtera ; & par la teneur des preſentes vous creons, faiſons, conſtituons & ordonnons nos Cōmiſſaires & Vicaires, Agens,

E iiij

Executeurs generaux & specialement Envoyez à l'effet de ladite Redemption, dispensans [pour justes causes] le R. P. Redempteur aussi éleu en nostre susdit Chapitre General par nostre Province de Bretagne, ou Normandie, vous donnans plein & libre pouvoir, & vous enjoignant expressément, de vous transporter avec nostre Benediction à Marseille, delà en Afrique, pour les affaires de ladite Redemption; &, où, quand, & avec qui il sera besoin, de traiter, agir, poursuivre, répondre, stipuler, convenir, échanger, acquerir & acheter des Captifs par les voyes & moyens les plus seurs & commodes qu'il vous sera possible; & les ayant délivrez de leur miserable servitude, de les amener vers Nous; en allant & revenant, de prêcher, de demander des aumônes & de les colliger, tant pour vostre honneste subsistence, que celle de vosdits Captifs; de recüeillir & recevoir les Taxes de tous les Conuens de nostre Ordre imposées ou restées pour la Redemption, & tous autres dons charitables & Legs pieux faits pour vne si sainte Oeuure, par tout où ils seront en dépost; d'ouvrir les Troncs & d'examiner, compter & arrester tous les Registres & Tables de mises & receptes, de reperer toutes les choses distraites, de donner recepissez des receuës; & d'exposer efficacement tout pour la Redemption des Captifs, d'obliger en Nostre Nom & de nostre part, les rebelles & desobeïssans, tant Ministres, qu'autres Religieux de quelque qualité & condition qu'ils soient, par les Censures Ecclesiastiques, & les voyes deuës & raisonnables, à vous obeïr; de chercher, prendre & punir, ou faire chercher, faire prendre & faire punir les Religieux discols de nostre Ordre, (s'il y en a) les Apostats, Fugitifs, Vagabonds, Desobeïssans, & Errans sans legitimes Obediences; d'instituer & établir par tout les Confreries & Societez de nostre Ordre, & generalement de faire & executer toutes & chacunes les autres choses necessaires & convenables à l'égard de ce que dessus, dépendances, & apartenances, que Nous ferions ou pourrions faire Nous-mêmes, si nous estions presens. Suplions tres-humblement en Nostre Sauveur, & avec toute la reverence possible, Nosseigneurs les Illustrissimes & Reverendissimes Prélats, & Messieurs les Curez ou Recteurs des Eglises, les Excellentissimes Princes, Magistrats, Republiques, Gouverneurs, & Chefs des Pays, & tous Superieurs de Communautez, vers lesquels il pourra arriver que vous alliez ou vous-vous détourniez, soit en allant avec vostre Compagnie, soit en revenant avec vos Captifs délivrez & rachetez, qu'ils vous donnent accez favorable auprés de leurs

Personnes, & ne fassent aucune difficulté de vous recevoir & laisser aller librement, & en cas que vous (qui n'estes liez d'aucune Censure) ayez recours à leur Pieté charitable dans vne negociation si difficile & si épineuse, ils ayent pour agreable de vous donner conseil, faveur, assistance, défense, passe-port & protection, & vous obligent de leurs Lettres de recommandation. Et vous, qui faites non seulement nostre Office, mais encore bien plus particulierement celuy du Redempteur du monde, connoissez-vous [s'il vous plaist] vous-mémes, par ce que l'Esprit Divin est en vous, & que vous en portez le Caractere pour cette grace dont vous estes les Ministres pour la Gloire de Dieu tres-bon & tres-grand. Marchez donc en Esprit, vivans dans la Charité du Fils de Dieu, vous édifians les vns les autres, vous servans mutuellement, estans d'vn sentiment vnanime. Revestez-vous des armes de Dieu, afin que vous ne soyez point ébranlez dans vos traverses, mais que vous puissiez resister dans le iour fâcheux; parmy les embarras, les incommoditez, les veilles, les travaux, & les grandes fatigues que vous serez obligez de souffrir estans iour & nuit en action. Que vôtre conversation soit bonne en tout lieu, afin que vous brilliez comme des Astres dans le monde. Ayez memoire des pauvres de Dieu,

[car ils ont mesme chair que vous, & sont vos Freres] compatissez aux affligez, déliez les fers des Captifs, tirez de prison ceux qui croupissent dans les tenebres & dans l'ombre de la mort. Donnez en payement ce que vous avez en main, & donnez mesme vos propres personnes pour les ames de ceux qui ont le témoignage de Iesus; & si c'est la disposition du Ciel, que vous soyez immolez par-dessus le Sacrifice & l'obeïssance de vôtre Charité, ne vous affligez pas pour cela, mais plustost pensez que ce vous doit estre vn tres-grãd sujet de joye, vous representant que vous y estes obligez en cõsideration de Celuy qui vous a aymez, & vous a lavez de vos pechez dãs son Sang. Ce méme Dieu neantmoins veüille vous conduire toûjours; & que son Ange soit avec vous, qu'il vous fortifie & vous garde, qu'il vous monstre le bon chemin par lequel vous marchiez, & vous donne vne paix continuelle en tout lieu. Qu'il vous benisse de toute Benedictiõ celeste en Nôtre Seigneur, afin qu'apres que vous aurez ramené les Brebis de la Maison d'Israël, lesquelles alloient perir dans des chemins égarez, vous fassiez paroître vôtre Charité à la veuë de toutes les Eglises pour la gloire de la Tres-Sainte & Tres-Adorable Trinité. Au reste, Nous défendons en vertu de sainte Obeïssance, & sous les peines d'vne horrible Excommunication, & Anathéme, de déposition d'Offices, & de privation de l'vne & de l'autre voix pour toûjours, à encourir, *ipso facto*, vne seule Monition canonique ayant precedée au lieu de trois, à tous & à chacun de ceux qui sont sujets à nôtre Iurisdiction, qu'aucun d'eux, quelque pouvoir qu'il ayt, attente ou presume, sous quelque couleur ou pretexte que ce soit, de vous faire peine en vos personnes, en vôtre liberté, ou Office; au côtraire que tous avec honneur & respect se môtrent disposez à vous aider; afin que vous soyez entre vous comme vne Cité forte & bien munie, Au Nom du Pere, & du Fils, & du S. Esprit. Donné à Paris en nostre celebre Convent de la Tres-Sainte Trinité du Titre de Saint Maturin, sous nostre Seing manuel, celuy de nostre Secretaire, & le Séel & Contreséel de nostre Administration Generale, le 25. iour de Mars, consacré à la memoire du commencement de nôtre Redemption [c'est à dire du Mystere du Verbe Incarné en la Vierge Mere de Dieu] l'an de la Naissance de Nostre même Seigneur, 1666. Signé PIERRE, GENERAL; & plus bas, Par Commandement de mondit Seigneur nôtre Reverendissime Peré GENERAL, BONNET, Secretaire, avec Parafes, & le Séel & Contreséel.

O Dieu, qui pourroit exprimer de quel feu nous sentîmes nos cœurs embrasez incontinent que nous eûmes reçeu la Sainte Benediction de nostre Venerable Prélat, & sa Lettre de Commission! Il faut croire, que cette Benediction (accompagnée des vœux & des Oraisons de tous nos chers Confreres, qui estant presens, fondoient doucement en larmes, comme s'ils n'eussent plus eu d'esperance de nous revoir iamais) Il faut, dis-je, croire, & c'est la verité, que cette Benediction étoit vn signe visible d'vn Sacrifice & d'vn holocauste inuisible, mais non pas insensible à l'interieur, lequel ce Reverendissime Pere faisoit de nos personnes comme d'autres Isaacs, sur les divins Autels, nous communiquant les Souveraines Ardeurs de la Pieté consommée & parfaite dont il brustloit sans se consumer, ainsi que ce Patriarche des Croyans, à fin d'obtenir du Dieu d'Abraham, du Dieu d'Isâc, & du Dieu de Iacob, (qui enuoya Moyse & Aaron déliurer le Peuple d'Israël de la Captiuité d'Egypte) que nous remissions aussi en liberté ces fideles Victimes, qui estoient tous les jours mal-heureusement immolées à la rage, à la cruauté & à la barbarie des Superbes Turcs & Mahometans, en hayne du mesme Dieu d'Isâc, c'est à dire, de Iesus-Christ & du Christianisme, qu'ils professoient inuiolablement jusques à l'effusion de leur propre sang.

Au sortir de nostre Eglise pour nous mettre en chemin, le Ciel, qui nous venoit d'enflammer le cœur, voulant peut-estre nous éprouver d'abord, versa sur nous vn déluge d'eau qui continua long-temps; Neantmoins sans aucun refroidissement ny diminution de nostre Chaleur Celeste & interne (laquelle nous rendoit insensibles & à l'épreuve au dehors) accompagnez des RR. Peres Doyneau, Procureur general susdit de la Redemption, & Lebel, Ministre de Verberye, tous-deux aussi diuinement eschauffez, nous arriuâmes au Port Saint Paul sur les neuf heures du matin, où nous prîmes le Bateau, ou Coche par eau, appellé le Colbert, pour aller à Lyon, & y arriuer (suiuant qu'on nous le faisoit esperer) l'onziéme jour de nostre depart, En méme temps, ces RR. Peres & Chers Confreres, apres beaucoup de baisers de paix & plusieurs souhaits de bon voyage, s'en retournerent en nostre Convent pour assister aux prieres communes qui s'y faisoient pour vne heureuse & fortunée Redemption.

Nous arriuasmes à bon port, graces à Dieu, à Auxerre le 7. jour d'Avril; (estant partis le 3. de Paris) où nous mîsmes pied à terre, & aussi-tost (Monseigneur l'Evesque estant absent) nous allasmes rendre nos tres-humbles respects à Messieurs les Oussets Venerables Chanoines de la Cathedrale, & les Charitables Directeurs de nostre Confrerie en faueur des Captifs, establie en ladite Ville. Remarqués, s'il vous plaît, icy, que nostre dessein n'est pas de faire mention par tout des raretez de chaque Ville où nous avons passé jusques à Marseille, (car il seroit impossible) mais d'aller viste & de parler sommairement.

Le lendemain nous montâmes au Coche pour Châlon, où nous arriuasmes le 11. Monseigneur l'Euesque en estoit absent, aussi bien que Monsieur son Secretaire, Administrateur pour lors de nostre Confrerie. Presentement Monsieur le Tres-R. Pere Deremont, Superieur des RR. Peres de l'Oratoire, & Grand-Vicaire de Mondit Seigneur, exerce cette Charité envers les pauures Captifs.

Le 12. nous-nous embarquasmes sur le Bateau ordinaire qui va à Lyon, & allasmes coucher à Mâcon. Le 13. à Lyon, en nostre Conuent, où le Reverend Pere Ignace Gory Ministre & les autres Religieux firent paroistre par leur bon accueil leur Pieté enuers les Captifs, & l'estime qu'ils ont pour ceux qui sont Deputez pour en faire le Rachapt. Là nous rendismes les deuoirs à qui nous estions obligez.

Pour tenir nostre parole de ne point nous

arrester à descrire les choses remarquables de chaque Ville, nous ne dirons point que celle-cy est vne des plus florissantes de France; que son Archeuesque est Primat des Gaules ; & que ses Eglises sont tres-belles, quelques vnes desquelles ont esté dediées par nostre Sauveur mesme. La Metropolitaine obserue tousiours ses anciennes coûtumes; Son Grand Autel est sans Tableaux; On n'y chante jamais Musique, & n'y a point d'Orgues ; Les Vénérables Chanoines s'appellent Comtes, & s'habillent de rouge les jours solemnels. Les trois Officians à l'Autel portent chacun la Mitre en teste.

L'horloge de cette Eglise est merueilleux, car il ne sonne point d'heures, qu'auparauant vn coq inanimé ne chante trois fois, apres auoir battu des ailes : vn Ange annonce l'Incarnation à la Sainte Vierge, sur laquelle paroit le Saint Esprit, & le Pere Eternel, donnant sa Benediction par trois fois.

L'Hospital de la Charité y est admirable en ses Bâtimens, & en l'Oeconomie qui s'obserue à l'endroit des pauvres.

L'Hostel de Ville semble ne rien ceder à celuy de Paris pour sa superbe Beauté. Il y a vne forteresse imprenable sur la pointe d'vn rocher en pyramide.

Le College

Le College des R R. Peres Iesuites est le plus beau du monde, &c.

Le 16. Nous nous embarquasmes sur le Rhône iusques à Auignon. Cette grosse Riuiere, aussi perilleuse, que rapide, nous rendit au Port & au Grand Pont d'Auignon, le 18. ayant fait plus de soixante grandes lieuës Françoises. Nous passâmes par dessous le Pont du S. Esprit nonobstant le danger euident de naufrage, par la faute du Patron de nostre Nacelle, qui, se fiant à son addresse, ne nous voulut pas mettre à terre pour passer au dessus de ce Pont. A quatre lieuës, à costé d'Auignon, dans le Languedoc, se voit le Pont du Gard, qui est vne des merueilles du monde. Nous logeasmes audit Auignon en nostre Maison, où le R. Pere Royer, Ministre, Personnage tres-recommandable pour sa Doctrine, sa vertu, & sa bonne Administration, nous receut avec tous ses Religieux, comme si nous eussions esté la Personne mesme de nostre Reverendissime Pere General, de qui nous n'estions seulement que les tres humbles Vicaires & Commissaires generaux pour la Redemption des Captifs. Pour faire comprendre la Noblesse de cette Ville, il suffit de dire qu'elle est Papale, & s'appelle, *Altera Roma*, vne autre Ville de Rome, & avec beaucoup de raison, de quelque façõ qu'on la considete. Apres y auoir fait nos Pasques, nous en sortismes le 28. à pied pour Marseille, & passasmes par la petite mais jolie Ville de Salon, lieu de la Naissance de ce grand & illustre Astrologue, Nostradamus, lequel y a sa sepulture dans l'Eglise des Peres Cordeliers. Nous arrivasmes audit Marseille en Provence, port de nostre embarquement, distant d'Auignon de trente lieuës de France, le premier iour de May, où nous fusmes receus en nostre Convent par le Reverend Pere de Pallas, Ministre, & par nos autres Confreres ses Religieux, avec tout & les carresses possibles, & tous les témoignages de soûmission & de respect deus à la qualité qui nous estoit donnée par nos Lettres.

Cette Ville est vne des Clefs & places plus importantes, du Royaume de France, commandée & défenduë par vne Citadelle imprenable, que nostre Inuincible Monarque a fait bastir à l'entrée du Port depuis peu d'années: mais célebre particulierement pour auoir receu la Foy par le Ministere du Saint Lazare (résuscité par nostre Seigneur) qui en a esté le premier Apostre & Euesque, accompagné de ses sœurs Sainte Magdelaine, & Sainte Marthe.

Nous n'eusmes pas plustôt remercié Dieu en l'Eglise, de nostre heureuse arriuée, salué nos Confreres, & pris vn peu de rafraichissement, que nous allasmes sur le Port, afin deprendre langue & nous informer des dispositions que nous pourrions donner à nos affaires. Dans ce temps, nous vismes sortir, avec pompe & magnificence douze Galéres du Roy, & vne Galiotte, armées de dix-huict cens soldats, outre les forçats au nombre de plus de 2400. lesquelles alloient en course. L'on disoit que l'Armée Navale commandée par Monseigneur le Duc de Beaufort, Surintendant General de la Navigation de France, estoit partie de Toulon depuis huict jours, prenant sa route vers le Ponant ; qu'elle estoit composée de vingt-neuf Navires de Guerre, de vingt Marchands, huit Hollandois, douze Brûlots, deux Pataches, & quarante Barques; & que toutes ces Maisons flottantes estoient équipées d'environ 2600. Canons, & neuf mille hommes de Guerre, sans comprendre les Mariniers. On croyoit que cette armée passant à la Rochelle, joindroit encore à soy dix grands Vaisseaux de Guerre, & huit Brûlots, armez de cinq mille hômes, & cinq cens cinquante pieces de Canon. Si avec ces Nouvelles, on nous eût dit que cette puissante Flotte iroit aussi délivrer les Captifs d'Alger, ou d'autres Villes de Barbarie, foudroyant à coups

Fij

de Canon celles qui refuseroient de les rendre, nous aurions esté bien resjouys.

Quelques jours après nostre arrivée, nous receusmes ordre de nostre Reverendissime Pere General, de nous tenir prests à nous embarquer auplustost ; & avis du R. Pere Doyneau Procureur general de la Redemption, qu'il nous feroit tenir incessamment Lettre de change de la somme destinée pour faire le Rachapt des Captifs, avec le Passe-port du Roy pour Alger.

Il est à noter, que Sa Majesté, pendant ce temps-là, fit embarquer à Marseille Monsieur Dumoulin son Agent & Envoyé pour aller au Royaume de Tunis en Barbarie racheter ses Sujets (lesquels y estoient Captifs en grand nombre, & en grandes miseres) conformément au Traité de Paix que ces Infideles avoient esté obligez de faire avec Sa-dite Majesté cette même année.

Ledit Sieur Dumoulin sortit du Port le troisiéme jour de Juin, ayant en son Vaisseau vingt-cinq Turcs des Galeres du Roy, qui avoient esté pris (écumans la Mer) par ses Vaisseaux, afin de les échanger contre pareil nombre de Captifs François ; il portoit aussi vne somme d'argent fort considerable, que luy avoit fait délivrer Sa Majesté, outre celuy qui avoit esté levé sur les Communautez pour faire cette sainte Negotiation.

On disoit qu'vne Barque Marseilloise sur laquelle les Pirates de Tunis (nonobstant la Paix) avoient volé peu de jours auparavant plus de quarante mille Escus, accompagnoit le Navire dudit Sieur Dumoulin, pour faire en sorte de recouvrer cette notable perte.

Les Articles de la Paix avec ces Barbares de Tunis, contenoient, que chaque Esclave François seroit rendu moyennant cent soixante-quinze Piastres, ou Escus de France, & que tous actes d'hostilité cesseroient de part & d'autre. Nos ordres estoient de nous embarquer pour Alger, à cause qu'il y avoit là vn plus grand nombre de Captifs qu'ailleurs, plusieurs desquels nous estoient puissamment recommandez; mais dautant que nostre tres-Pieux Roy vouloit exercer la même Charité envers ses pauvres sujets Captifs audit Alger, qu'envers ceux de Tunis, il differoit à faire expedier son sauf-conduit à nostre Reverendissime Pere General, jusqu'à ce qu'il eust receu nouvelles de Monsieur Trubert, Commissaire general de la Marine & son Envoyé audit Alger pour y traiter la paix ainsi qu'à Tunis, n'estant pas à propos de nous embarquer avant que de sçavoir le resultat du voyage dudit Sieur Trubert.

Pendant cette attente, (dont les jours nous

sembloient des semaines, & les semaines des mois ; quoy que vivans en nostre Convent nous les employassions dans les Exercices ordinaires de nostre Profession ; parce que le beau temps pour la Navigation se passoit, & que nostre Redemption ne se faisoit pas) le sixiéme de Iuillet arriva au Port de Marseille vne Barque de Tunis, qui apporta des Lettres dudit Sieur Dumoulin, par lesquelles il donnoit avis à Mōseigneur le Duc de Vendôme de son arrivée audit Tunis, où ces Infideles luy faisoient mille avanies, & ne vouloient presque rien garder du Traité fait avec eux ; qu'il avoit besoin pour executer sa commission & de forces & d'argent ; que pour des forces, il estoit conseillé de lever l'ancre, afin d'aller en Sardaigne, ou en Corsegue chercher les Galéres Françoises pour leur en demander, & reduire au devoir ces Brûtaux & gens sans foy ; pour de l'argent, qu'il supplioit son Altesse de luy en envoyer incessamment.

Deux jours aprés, le huitiéme dudit mois de Iuillet, arriva au Port de Toulon le susdit Sieur de Trubert retournant d'Alger, où il avoit fait la Paix, aux conditions que ces Barbares rendroient tous les Captifs François au prix qu'ils avoient esté vendus dans le Batistan ou marché ; & que pour le droit de leur sortie d'Alger pour revenir en France (sous lequel droit il y en a plusieurs autres) l'on payeroit de plus cinquante Piastres, pour vn Captif qui auroit, par exemple, esté racheté cent Piastres : & pour celuy qui auroit esté racheté deux cens Piastres, pour le dit droit de sortie, soixante Piastres ; & ainsi en augmentant de dix Piastres aux troisiéme, quatriéme, & autres cens par-dessus les cinquante Piastres pour le premier cent, qui est vne Piastre par dizaines. De plus, que le Roy leur rendroit les Turcs qu'il avoit sur ses Galeres, pour estre échangez homme pour homme contre ses François Captifs : & autres conditions fort iudicieusement accordées à ces Infideles par ledit Sieur Trubert, sous le bon-plaisir de sa Majesté.

Sadite Altesse donna aussi-tost avis au Roy de ces deux nouvelles, à sçavoir, de celle dudit Sieur Dumoulin, envoyé à Tunis : & de l'arrivée dudit Sieur Trubert à Toulon, ayant conclu la Paix avec Alger aux conditions susdites.

Et le 12. d'Aoust, Mr. Arnoul, Intendant general des Galeres à Marseille, receut vne Lettre de nostre Reverendissime Pere General, dans le ply du Roy, & de Monseigneur de Colbert, par laquelle il nous disoit, que mon-dit Seigneur de Colbert luy avoit fait l'honneur de l'envoyer querir, pour luy déclarer les volontez du Roy, touchant la Redemption des Captifs, lesquelles estoient, que sa Majesté desirant travailler pour lors à l'entiere délivrance des Esclaves François de la Ville de Tunis, Elle entendoit que nous nous transportassions au plus-tost audit Tunis, pour y racheter lesdits Captifs, avec ledit Sieur du Moulin, y employant vne partie des deniers qui estoient entre nos mains destinez à ce rachat, reservant l'autre pour ceux qui estoient en Alger, puisque plusieurs d'entre eux nous estoient particulierement recommandez, lesquels nous irions racheter à nostre retour de Tunis.

Que pour le Reverend Pere député de la Province de Picardie, attendu qu'il estoit des Païs-Bas, & que ses deniers en provenoient, le Roy, sur la remontrance que ledit Seigneur de Colbert en avoit faite à sa Majesté, à la priere de nostre Reverendissime Pere General, luy laissoit l'entiere liberté d'en disposer ainsi qu'il trouveroit bon. Et nous enjoignoit nostre Reverendissime Pere General, que nous eussions à recevoir les ordres de sa Majesté & son Passe-port pour Tunis, que mondit Seigneur de Colbert envoyoit audit Sieur Arnoul, avec la soûmission que nous devions, & à y obeïr punctuellement. Monsieur l'Intendant nous donna aussi la lecture des ordres qu'il recevoit du Roy pour nous faire expedier vn Vaisseau ou vne Barque en bref pour passer audit Tunis.

Nous voila bien resiouïs, & bien tristes tout ensemble. Bien resiouys, d'estre délivrez de l'ennuy mortel où nous estions depuis quatre mois, & de la crainte que nous avions de ne faire aucune Redemption, eu égard à l'Etat present des affaires de France avec Tunis, & Alger. Bien tristes, d'estre obligez de nous embarquer pour Tunis, où nous n'avions fait aucun dessein d'aller, & où nous sçavions que ledit Sieur Dumoulin, Envoyé du Roy, avoit peine de mettre à la raison ces Infideles; doutans d'ailleurs, si nous le trouverions encore au Port de Tunis; & craignans le mauvais estat des affaires si nous ne l'y trouvions pas; ainsi nous prévoyons beaucoup de peines, & plusieurs dangers sans aucun bon succez. Ce qui augmentoit encore nostre tristesse, c'estoit de nous separer d'avec nôtre tres-cher Confrere le Reverend Pere Dachier, député de Flandre, lequel ne se pouvoit dispenser de s'embarquer pour Alger; car nous ne sçavions pas si nous-nous reverrions jamais, ou du moins, si nous serions assés heureux que de revenir à Marseille, environ le même temps luy & nous, pour retourner ensemble en France avec les Captifs que Dieu nous feroit la grace de racheter. Neanmoins il faut obeïr indispensablement & confier tout à la Divine Providence. Nous supplions Monsieur l'Intendant, de témoigner à Monseigneur de Colbert en la réponse qu'il luy feroit, nôtre tres-humble Soûmission aux Ordres de sa Majesté, & que nous y obeïrions le plus religieusement qu'il nous seroit possible. En même temps nous luy déclarons aussi, que nous sommes tout prests à nous embarquer quand il luy plaira de nous faire donner Barque où Vaisseau conformément aux ordres du Roy qu'il venoit de recevoir, & dont il nous avoit fait lecture. Il respond qu'incessamment il en va faire disposer, & donner avis à Son-Altesse de toute cette affaire; cependant que nous-nous tenions toûjours prests à partir.

Les choses estant ainsi arrestées, nostre dit Confrere le Reverend Pere Dachier, Député de Picardie, s'embarqua sur la Barque dite de la Trinité le neufviéme iour d'Aoust, ayant pour assistant, Frere Iean Felix, Religieux Convers, (tres-vertueux, & fort experimenté) pour aller faire la Redemption en Alger; eux & nous, la larme à l'œil & le regret dans le cœur de nous quitter de la sorte.

Et le 20. Aoust, Mondit Seigneur de Vendôme, Gouverneur de Provence, estant à Marseille, assisté de Monseigneur d'Oppede premier President d'Aix, & dudit Sieur Arnoul Intendant general des Galeres, nous ayant fait venir, nous mit en main le Passeport du Roy avec ses Ordres pour nous embarquer & faire le traict de Tunis, sans aucun delay.

PASSE-PORT DV ROY.
DE PAR LE ROY.

A NOSTRE TRES-CHER ET BIEN-Aimé Covsin le Dvc De Beavfort, Pair Grand Maistre, Chef & Sur-Intendant general de la Navigation & Commerce de France; & à tous Gouverneurs & nos Lieutenans generaux en nos Provinces & armées, Chefs d'Escadres de nos Vaisseaux & Galeres, Gouverneurs particuliers de nos Villes & Places, Maires, Consuls & Eschevins d'icelles, & tous autres nos Officiers, Iusticiers, & Subjets qu'il appartiendra, SALVT. Les PP. Michelin Ministre de Syvelle, Basire Ministre de Chaalons, & Le Beau, de Meaux; de l'Ordre des Mathurins & Redemption des Captifs, s'en allans de Marseille à Tunis, pour le rachapt des Esclaves, nous voulons & vous mandons tres-expressément, que vous ayez à les laisser seurement & librement passer par tous les lieux & endroicts de vos pouvoirs & iurisdictions, tant en allant qu'en revenant, sans souffrir ny permettre qu'il leur soit fait ny donné aucun empeschement; mais au contraire toute faveur & assistance si besoin est, & que vous en soyez requis, CAR TEL EST NOSTRE PLAISIR. Prions & requerons tous Roys, Princes, Potentats, Republiques & autres nos bons Amis, Alliez & Conféderés de laisser aussi seurement & librement passer lesdits Religieux, sans permettre qu'il leur soit donné aucun empeschement, offrant de faire le semblable en pareil cas si Nous en estions requis de leur part. Donné à Fontainebleau le cinquième iour de Iuin mil six cens soixante-six.

Signé, LOVYS, & plus bas, Par le Roy, De Lionne, et scellé du petit seau.

NOSTRE EMBARQVEMENT.

LE lendemain Samedy 21. dudit mois d'Aoust, veille de l'Octave de l'Assomption nostre-Dame, apres avoir pourveu aux seuretez de nostre argent, apres avoir escrit & donné avis à nostre Reverendissime Pere General, & au Reverend Pere procureur general de la Redemption, de toutes nos affaires; & avoir embarqué quelques provisions pour le voyage : sur les huit heures du matin, en suite de la Sainte Messe & de nos prieres à la Tres-Sainte Trinité par l'Intercession de la Sainte Vierge à son Autel de Bon-Remede, nous fusmes conduits par les Religieux de nostre Convent sur le port, au petit Vaisseau du Roy, dit le Bluzin, pris en guerre il y avoit peu de iours par les Galeres sur l'Anglois, & depuis appellé le Saint Ioseph, ayant pour Capitaine le Sieur Pierre Chabert, dans lequel nous embarquasmes nostre argent (apres avoir tiré acte en bonne & deuë forme dudit Sieur Capitaine, par lequel il s'obligeoit, suivant les Ordres du Roy, de nous porter, Dieu aydant, avec ledit argent & nos provisions, à Tunis, & de là nous rapporter avec nos Captifs au Port de Marseille) & en mesme temps nous nous embarquasmes, disans Adieu à nosdits Confreres, que nous ne quittions que de presence corporelle, & nous recommandans à leurs saintes prieres.

O jour heureux & agreable aprés tant d'ennuys ! Aussi tost le Capitaine fait mettre à la voile pendant que nous prions le Ciel de nous estre favorable. Mais à peine sommes-nous sortis des Isles, que nous reconnoissons que le bon-heur de nostre voyage ne se trouvera qu'à souffrir souvent avec patience la fascheuse humeur de l'Element qui nous porte: car nous commençons à sentir sa mauvaise haleine & le plus desagreable air qu'il ait accoustumé de faire respirer. Nous apprismes qu'il s'appelloit Lebech: sa violence fut si grande, que pensans aller par la Carte de demy-iour, il nous contraignit de relascher à la Ciouta, où nous motillasmes sur les cinq heures du soir, bien aises de remettre pied à terre & de nous rejetter entre les bras de nostre Mere, descendans desia de dessus cette Beste, qui pour nous avoir veus quatre mois proches d'elle, ne nous sembloit pas plus aprivoisée ny de plus douce humeur; au contraire plus farouche, jusqu'à incómoder (ainsi qu'elle a accoustumé de faire d'abord) plusieurs de nostre Compagnie. Tellement que nous ne nous estions éloignez de Marseille ce premier iour que de 4. lieuës par terre, encore que par mer nous en eussions bien couru trente, ayant presque perdu terre de veuë, puis l'estant venus retrouver.

Le Dimanche, octave de l'Assomption de nostre Dame, nous redoublasmes nos prieres & nos vœux à Dieu par l'intercession de cette Mer & Mere de grace, à ce qu'il luy plust nous donner le vent plus favorable pendant nostre Navigation, & cét Element plus gracieux, que le iour precedent.

Environ les quatre heures de relevée, voyans que le vent estoit maestral, tel qu'il nous le falloit, nous sarpasmes & levasmes l'ancre pour nous mettre en mer; mais, helas! tout en quittant le port, tres-peu s'en fallut que nous n'y demeurassions ensevelis, faute de bien prendre le vent, nostre Capitaine commandant d'vne façon & le Nocher d'vne autre. Car nous vismes le moment que nous allions mal-heureusement eschouër aux Escueils, le Pilote jettant son bonnet en haut comme perdant esperance d'échapper, & criant aux Matelots, hé, faut-il perir icy? Paroles qui donnoient bien à penser principalement à ceux qui ne sçauoient que peu ou point nager & qui estoient à vne grande lieuë de terre. Dans ce moment, la Sainte Vierge, que nous avions invoquée, nous fit remarquer son assistance particuliere par vn souffle de vent qui survint & qui donnant à plein dans les voiles, & les faisant porter, avec vn coup de timon, nous mit hors de danger & vent arriere à la mer. Alors chacun reprent ses esprits, & rend graces à Dieu. Nous voguons à plaisir jusqu'à Soleil couchant, & faisons au moins douze milles par heure.

Mais courte ioye; car autant que nous avions eu de contentement le jour de nous voir vn gros vent en pouppe, autant avions-nous aussi de déplaisir cette nuict d'avoir le Bech impetueux à costé, avec vne grosse mer, dont les flots comme des montagnes, contraires & se combattans, se venoient briser aumilieu de nostre Navire, avec vn tel tremblement, qu'il y avoit suiet de craindre qu'en se brisant tant de fois, ils ne rompissent aussi le Vaisseau, qui paroissoit vieux, & ce n'auroit pas esté le premier: mesme ces coups de mer écumante, s'elevans souvent pardessus le Navire, & mouillans tout lemonde, apprenoient quelques vns du Vaisseau à prier Dieu, qui, sans cela, n'estoient pas fort en devotion.

Ce fascheux temps dura toute la nuit & le Lundy iusques au soir. Alors nous appercevons vne notable diminution de ces vagues importunes, collaterales, & le Maestral vn peu adoucy; ce qui nous fit isser nos voiles & les porter plus hautes cette seconde nuit, pendant laquelle les esprits & les corps se reposerent vn peu.

Le Mardy au matin nous trouvâmes que nous avions passé Corse, & descouvrismes l'Isle Saint Pierre & celles que communement on appelle, le Taureau, la Vache, & le Veau, que nous passâmes aussi ce iour-là avec
vn temps

vn temps assez agreable, lequel continüa jusqu'au Mercredy feste de S. Louis à cinq heures du soir, que nous aperceûmes les Costes de Barbarie. Nous esperions cette nuit donner fond au Cap de Carthage, pour le Ieudy dés le matin entrer au port de la Goulette, à neuf milles de Tunis, où tous les gros Bastimens jettent l'ancre, ne pouvans passer outre pour aller audit Tunis, qu'avec des Esquifs, petits bateaux apellez en ce pays-là, Sandales; mais la mer devint si bonace & si calme ce soir, comme nous étions entre Biserte, & le port Farine (qui sont de petites places à la Coste de Barbarie) & en même temps les courans si rapides, que la peur commença à saisir le Capitaine & le pilote, par consequent tout le monde, qui se persuadoit que nous allions nous perdre parmy l'obscurité, n'y ayant point de Lune jusques à deux ou trois heures aprés mi-nuit, & que nous allions estre jettez par ces courans impetueux comme des torrens, ou à la Coste, ou contre Canis, qui est vn haut Escueil & Rocher, ou aux Imbres, qui sont des Séches planes, & des Isles à fleur d'eau, lesquelles ne se peuvent voir que de Iour, & desquelles nous n'estions pas fort éloignez. D'ailleurs le Ciel estoit tout en feu du costé de Tunis, où le Tonnerre grondoit épouvantablement, & vne grosse nuée fort effroyable, avec des esclairs l'vn sur l'autre, venoit par prouë au devant de nous, pendant quoy il ne faisoit aucun souffle de vent; ainsi le timon ne servoit de rien non plus que les voiles. Quel remede? l'on descend promprement le Bateau en la mer, pour, à force de rames en haut & en bas, sortir de ces mal-heureux Courans, qui nous entraînans comme de rapides fleuves en la mer, nous faisoient imperceptiblement couler; & nous exposoient à vn infortuné naufrage. On rame à l'envy, pour nous retirer du costé du Levant: mais nous reculons autant pour le moins, que nous auançons; ce travail nous retarde bien vn peu le temps du naufrage, mais, helas! il ne nous en oste pas le peril. Point d'autre meilleure resolution ny remede en cette conjoncture funeste, que de se preparer à la mort, et de recourir à Celuy qui a l'empire souverain & supréme sur cet Element impitoyable, hypocrite & trompeur, qui nous conduit insensiblement à nostre perte pendant vn temps calme & tranquille.

Chacun se mit en prieres & à genoux, travaillant les rames à la main, & continüa ce saint exercice jusques au lever de la Lune, toûjours dans les frayeurs & dans les aprehensions continuelles d'entendre le fracas mortel de nostre Navire contre quelques vnes des Seiches & des Ecueils qui nous environnoient; ainsi d'estre engloutis dans ces abysmes. Ah! ce fut là que les esprits demeurerent tellement éperdus & espouvantez, que la crainte eust glacé le sang dans les veines, si chacun ne se fust échauffé tout de bon au travail des rames pour sauver sa vie.

Obstupuére animi, gelidúsque per ima cucurrit Ossa tremor.

Timor & tremor venerant super nos, & contexerant nos tenebræ; sed nox sicut dies illuminata fuit.

Enfin voila que la Lune paroit & commence à éclairer les pauvres affligez. En mesme temps, vn petit doux zephyre commence aussi à faire frissonner & fremir cette Mer, qui faisoit tant la bonnasse, quoy qu'en effet tres-maligne par ses rapides courans en ces endroits pressez & contraints. A mesure que ce bel Astre de la nuict s'éleve, ce vent favorable aussi s'augmente & souffle si agreablement, qu'il convertit nostre tristesse en vne indicible alaigresse, nous faisāt retourner prouë vers Tunis & nous y portant doucement, pendant que nous rendons nos actions de graces à Dieu, & faisons devotement retentir nos Cantiques de ioye & de remercimens à la divine Lune & Estoile de mer la sainte Vierge, qui a si heureusement éclairé tous les hommes de sa Lumiere Celeste, & les a assistez de son Souffle salutaire avec la participation de son Soleil Eternel, par l'inrercession de laquelle nous avons toûjours esperé que l'orage qui nous menaçoit, se dissiperoit, comme de fait il se dissipa à la coste & au rivage.

NOSTRE ARRIVE'E A TVNIS.

Nous arrivasmes & mouillasmes à la Goulette, distant de neuf milles de Tunis (comme nous avons remarqué cy-dessus) environ les deux heures aprés midy. Aussitost, ô infortunez que nous sommes! *Incidimus in Scyllam, cupientes vitare Carybdim*, nous passons d'vn grand peril dans vn déplaisir bien sensible. A peine eusmes-nous salüé les Forteresses de ces Barbares par quatre coups de Perriers & par autant de Canons, qui estoit toute nostre Artillerie, que nous fusmes ressaluëz avec des nouvelles fort surprenantes, par deux ou trois matelots Provençaux qui estoient à l'ancre proche de nous.

Ces Nouvelles portoient que le Sieur Dumoulin, Envoyé de France à Tunis, lequel nous cherchions, ainsi que nous avons dit cy-devant, avoit receu audit Tunis quelqu'injure de la part du Consul pour la Nation Angloise, de quoy le Day, ou le Roy de Tunis ne luy avoit voulu faire aucune Iustice ; qu'il s'estoit embarqué à la Goulette le 19. du mois à dix heures du soir, avec cinq ou six cens Esclaves par luy rachetez, pour s'en retourner en France, & avoit envoyé quelqu'vn de son bord dans vn Vaisseau Anglois ancré sous les Forteresses de ladite Goulette, pour témoigner au Capitaine ses ressentimens de l'offense que son Consul luy avoit faite audit Tunis, & luy protester que le Roy de France son Maistre en tireroit Iustice en temps & lieu ; que ce Capitaine, plus en hayne de la France, laquelle avoit guerre contre son Païs, que du Sieur Dumoulin, estant allé se plaindre audit Day, & luy faire entendre que ledit Sieur Dumoulin avoit, sans aucun sujet, fait insulte à son Vaisseau, mal traité sa Personne, battu & tué plusieurs de ses gens & Matelots, & pillé ses marchandises, le tout au grand preiudice de la reverence deuë aux Citadeles du grand Seigneur, sous la protection desquelles il avoit moüillé de bonne foy ; ledit Sieur Dumoulin commettant en cela vn acte d'hostilité, & declarant ainsi la guerre au Royaume de Tunis aprés en avoir tiré les Captifs François ; en vn mot se mocquant & du Païs & du grand Seigneur ; qu'aussi-tost (adjoustoient ces Matelots) ledit Day avoit envoyé en leurs bar-

E iij

ques & Vaisseaux des Gardes & Ianissaires, de qui ils estoient fort mal traitez: & fait arrester Captifs & mettre à la chaine tant à Tunis, qu'au Port Farine (distant de huict lieuës) les Capitaines de Vaisseaux, & les Patrons de Barques de France; entr'autres, les Sieurs Martin de Marseille, Deseues de Toulon, & Icart de la Seine, &, nonobstant la Paix preténduë, ordonné aux Rays & Capitaines des sept Vaisseaux Corsaires, qui devoient partir du Port dans peu de jours, de donner la chasse à tous les François, qu'ils découvriroient en mer, & les prenant, de les amener Captifs audit Tunis; qu'ainsi il y avoit à craindre que nous ne fussions bien mal receus: & que nous vissions ce que nous avions à faire.

Dieu sçait si ces nouvelles nous alarmerent & en quelle inquietude elles nous jetterent. On tint conseil; les vns furent d'avis qu'il falloit relever les ancres & fuyr, pour éviter la Captivité de nos Personnes, & la perte de nostre argent; les autres objecterent que le vent estoit contraire; les autres que la garnison des Châteaux nous apercevant sortir, nous foudroyeroit à coups de Canons; les autres, que nostre fuite confirmeroit ces Barbares dans la pensée qu'ils avoient que ledit Sieur Dumoulin, par sa pretenduë insulte au Vaisseau Anglois, leur avoit déclaré la guerre, & ainsi que ces nouveaux Captifs, aussi-bien que les Anciens qui y restoient, en seroient plus mal traitez.

Mais enfin l'avis qui passa, fut, que nous demeurassions fermes : qu'estant venus avec les ordres du Roy & de nos Superieurs, nous estions venus avec les ordres de Dieu; qu'il n'y avoit par consequent rien à craindre; que nous remontrerions au Dáy & à tout le Divan, qu'il n'y avoit pas d'apparence que ledit Sieur Dumoulin eust rompu la Paix comme l'on disoit, & déclaré la guerre, sans les ordres du Roy de France, lesquels Sa Majesté ne luy avoit pas donnez, puisqu'Elle nous avoit envoyé avec son Vaisseau & de l'argent racheter de bonne foy des Captifs François; & autres raisons, qui, Dieu aydant, nous mettroient à couvert.

A peine nos esprits furent-ils vn peu rasseurez, que voicy ledit Capitaine du Port, qui vient & accourt bien éveillé en nostre bord dans vne Sandale à six rames, & demande *donde el vesello ?* d'où vient le Vaisseau? nostre Capitaine luy ayant respondu en mé-me langue, d'où, de la part de qui & pour quel sujet nous venions, il dit *ben venido,* soyez les bien venus. Incontinent il demande, s'il n'y a pas de quoy faire la collation

Chacun bien aise de ce qu'il sembloit depenser qu'à manger, se met à luy servir avec empressement tout ce qu'il y avoit de meilleur au Vaisseau; il mange sans vouloir boire de vin, *noquiero bever de esso*, disoit-il, mais il boit seulement vn peu d'eau, qui n'estoit plus gueres bonne, mais qui l'estoit encore trop pour luy.

En suite il demande du tabac & se met à fumer avec nostre Capitaine sur la pouppe, regardant çà & là, pendant que ses matelots au nombre de six beuvans sur la prouë à nos despens, se reduisirent en vn estat que l'honnesteté ne permet pas de dire, mais que l'on peut s'imaginer de cette sorte de gens. Ce fumeur nous soufflant (sauf respect) le tabac au nez, il nous repete les nouvelles du depart de Monsieur Dumoulin, lequel nous excusons, & nous aussi, le mieux qu'il nous est possible.

Enfin voulant s'en retourner, il dit à nôtre Capitaine de luy faire descendre les voiles de nostre Vaisseau dans son Esquif ou Sandal, pour estre enfermées dans vne Forteresse, promettant qu'elles seroient renduës quand nous nous en voudrions retourner : *Dolus, an virtus ?* nostre Capitaine sçachant tres-bien que l'on ne devoit pas ainsi oster les voiles à vn Vaisseau du Roy, cela ne se faisant qu'aux Navires marchâds, peur qu'ils ne s'en aillent de nuit ou avec des Esclaves fugitifs, ou sans payer les droits, commence aussi-bien que nous, à entrer en soupçō, que l'on ne nous voulût arrester Captifs avec les autres François Marcháds demeurez apres la sortie dudit Sieur Dumoulin, & se met à dire en vn mot, qu'il ne les donneroit pas ; & voyant que ce Brutal vouloit raisonner, il entre en vne telle chaleur, que demandant son espée & se promenant sur le tillac, il luy declare, qu'il souffrira plustost les prisons, les fers & les chaines, mesme toutes les canonades des bastions & mille sortes de morts, que de permettre qu'vn tel affront soit fait au Vaisseau du Grand & Invincible Roy de France, son Maistre, que d'estre dépoüillé de ses voiles.

At motos animi præstat componere fluctus.
Tout beau, Monsieur, (dismes-nous à nostre Capitaine) calez, s'il vous plaist, la voile: temerité n'est pas generosité: ce n'est pas ainsi que l'on aprivoise des Sauvages, qui voudroient estre flattez. Aussi-tost, comme il sçavoit fort bien iouër son personnage, il demande du vin & boit à la santé de ce Barbare, bien estonné de l'entendre ainsi parler, & ne respondant autre chose, en vne langue qui nous est inconnuë, sinon, *mira mira como tiené fantasia esté Francése.* Voyez voyez comme ce François est fantasque.

Aprés avoir ainsi bû à sa santé, il se met luy dire avec un agreable soûris : *Señor, espera por la mañana de tomar las velas, que tengo de ver al Señor Day en compania de los Padres.*

Monsieur, attendez à demain à prendre les voiles, par ce que j'iray avec les Peres voir le Seigneur Day. Ce Turc gouste cette proposition & accorde la demande de nostre Capitaine, disant que le Day decideroit donc le different, & que s'il ordonnoit qu'il enlevast les dites voiles, il les enleveroit le lendemain, sinon, qu'il les laisseroit.

Cette resolution nous sembla si avantageuse, qu'à l'instant nous fismes present à ce Barbare d'un flacon de vin-aigre rosat, dont on fait grande estime en ce païs-là, comme pour luy témoigner nostre reconoissance & afin de nous le rendre encore plus favorable. Il montra franchement, qu'il estoit toûjours prest à prendre.

Nous jugeâmes à propos nostre Capitaine & nous, de coucher en nostre Navire pour le garder, & d'envoyer à Tunis deux des plus intelligens de nostre compagnie, pour faire sçavoir au Day la fin pour laquelle nous estions venus, & aussi pour le supplier de défendre que l'on nous ostast nos voiles. Nous envoyâmes l'Ecrivain du Vaisseau, & un Marchand Marseillois, appellé Monsieur Lebas, homme tres-docte, qui sçavoit fort bien parler Turc, & connoissoit cette sorte de gens.

Le lendemain matin, sur les huict heures, nos Députez nous raporterent, qu'apres plusieurs remontrances, le Day avoit respondu que nous estions les bien venus, qu'il permettoit que nous rachetassions des Captifs, mais que pour les voiles de nostre Navire, il les falloit donner.

Au mesme momét, voicy l'Aga, Capitaine, ou Gardié du Port & des Citadelles du iour precedant, qui vient à force de rames avec trois bateaux & vne trentaine, au moins, de Sauvages & de Négres, plus hideux encore que ceux qui l'avoient amené la premiere fois, lequel, bien échauffé & tout hors d'haleine, montant à nostre bord, crie à nostre Capitaine, *qué noues?* quelles nouvelles? n'est-il pas ordonné que ie prendray les voiles? Nostre Capitaine pour le moins autant échauffé que luy, respond qu'il ait patience pendant que nous irons nous-mesmes en personne representer nos raisons au Seigneur Day. Aussi-tost estant monté sur le tillac, il crie à ses Ministres d'Enfer, *pillad- pillad las velas, esta obligada mi cabeça:* pillez & prenez de force les voiles, il y va de ma teste, *tiené fantasia sté perro de Christian*, ce chien de Chrétien a des fantaisies.

Presque pluſtoſt fait que dit. Ils courent & montent au haut des maſts, coupent, attirent & jettent tout en bas, & avions-nous aſſez peur qu'ils ne nous envelopaſſẽt auſſi dãs les voiles pour nous emporter nous-mêmes. Il falut bon-gré mal-gré ſouffrir ce deſordre, & apres tout, abandonner à cette canaille vne bonne partie du peu de vin qui reſtoit de noſtre petite proviſion ; même nous fûmes contraints de payer encore à beaux deniers contans la peine de ces voleurs & pilleurs de voiles.

A la verité nous pouuions dire à lors : *Circumdederunt nos canes multi*, *Concilium malignantium obſedit nos*, & que ſi nous n'eſtions pas poſſedez ou obſedez nous-meſmes, au moins que noſtre Vaiſſeau eſtoit l'vn & l'autre.

Ces malins Eſprits eſtant ſortis avec nos voiles, & ayans emporté les ames de noſtre Vaiſſeau, ſans leſquelles il nous étoit impoſſible d'eſchaper de leurs Enfers, nous ſommes obligez, bien triſtes & tout conſternez, de ſortir auſſi, quittans noſtre argẽt pour aller mettre pied à terre en leur maudite Ville de Tunis, & y faire hommage à leur Maiſtre. Nous y arrivâmes ſur les deux heures aprés midy, & fûmes preſétez à ce Day par le Sieur Ambroiſin, Conſul pour la Nation françoiſe, lequel voit pour Interprete vn Renegat Espagnol, nommé Moustafa. Il nous receut ainsi qu'il avoit receu nos Envoyez le iour de devant, & apres avoir escouté nostre compliment sur le sujet de nostre voyage, il repeta la méme chose, disant au Truchement: que ces Papas rachetent des Esclaves à leur ordinaire, ie leur feray rendre les voiles de leur Vaisseau. Et dautant qu'en cet autre monde il n'y a pas d'hosteleries, il trouva bon que nous logeassions en la maison dudit Sieur Consul, qui nous fit la faveur de nous l'offrir de bonne grace, & laquelle nous acceptâmes aussi volontiers, à condition de payer ce que de raison.

Nous n'y sommes pas plustost arrivez, que l'on nous sollicite puissamment de racheter aussi bien les nouveaux Captifs depuis la sortie du sus-dit Sieur Dumoulin, que les anciens, lesquels il n'avoit pû racheter, ou faute d'argent, ou parce qu'ils estoient absens pendant son sejour audit Tunis.

Nous y employons tous nos soins conjointement avec le Sieur Consul, & remontrons à ce Day, que ces pauvres Marchands, prisonniers & aux fers ne sont pas cause de la pretenduë faute comise par le Sieur Dumoulin, pour laquelle le Roy de France, le plus iuste des Monarques, ne manqueroit de faire faire satisfactiõ, si Sa Majesté en estoit avertie.

Nous supplions aussi sa Seigneurie de considerer, que les ordres par Elle donnez à ses Corsaires de prendre en mer les François, causeront vn grand mal, & porteront grand préjudice à la bonne Paix faite depuis si peu de temps avec la France: qu'il seroit à propos de donner avis à nostre grand Roy, des plaintes faites contre ledit Sieur Dumoulin, avant que de donner tels ordres, dont la suite seroit si pernicieuse.

Nous obtinsmes heureusement de ce Barbare, que tous les Marchands & Matelots François, arrestez & mis à la chaine à cause de l'action supposée dudit Sieur Dumoulin, seroient élargis, & que pleine & entiere liberté leur seroit donnée, apres toutefois avoir par eux payé les pretendus dommages faits audit Vaisseau Anglois. Il fut ensuite ordóné que procez verbal seroit dressé par le Consul François de ladite action, pour estre par nous porté au Roy de France; & que faute de faire donner satisfaction dans trois mois par Sa Majesté Tres-Chrétienne, pour le pretendu manque-d'honneur commis par son Envoyé aux Forteresses du grand Seigneur la Paix seroit tenuë pour rompuë par Sadite Majesté, & la guerre déclarée. Cependant défenses tres-expresses aux Agas, Rays & Capitaines des Vaisseaux, qui iroient en course de commettre aucune hostilité envers les François avant ledit temps expiré, à peine de leurs testes.

Voila vn assez favorable Edit pour la délivrance effective de ces nouveaux Captifs, mais tres-avantageux pour la preservative de ceux qui auroient esté sans doute pris en grand nombre sur mer par ces Pirates, dont ils ne se seroient point défiez à cause de la Paix ; aussi ces gros Epreviers tressaillioient desia de ioye de la permission qui leur en estoit donnée.

Nous fournismes (sans reproche) neuf cens vingt-cinq Piastres à ces pauvres Messieurs les Marchands Captifs pour les ayder à satisfaire à l'Anglois pretendu offensé. Apres cela nous nous occupasmes à la Redemption des autres Esclaves laissez à racheter par ledit Sieur Dumoulin. Mais, parce que leurs Patrons sçavoient que cét Agent de France s'en estoit retourné, & que le bruit couroit, que, partant du Port de la Goulette, il avoit rompu la Paix & déclaré la guerre, ils avoient renvoyé la plus-part de leurs Captifs travailler à la campagne, & refusoient de nous vendre ceux qui estoient à la Ville, ou bien nous les vouloient trop cher vendre. C'est pourquoy nous fusmes obligez (à nostre plus grand regret) de penser à nous en revenir, aprés en avoir seulement pû racheter vingt-cinq.

Nostre consolation estoit, d'avoir obey aux Volontez de nostre tres-Pieux Roy & de nos Superieurs, & de voir que nostre voyage n'estoit pas infructueux, puisque Dieu l'avoit fait reüssir par l'affranchissement & le rachat non seulement de ce petit nombre d'Esclaves, mais aussi de ces Marchands, & de ces Matelots, desquels nous avons parlé cy-dessus ; & ce qui est encore fort considerable, par la revocation des ordres donnez d'en prendre d'autres : mesmes l'on peut asseurer, que sans ce voyage ces Infideles eussent rompu la Paix.

NOSTRE DEPART DE TVNIS.

LE Samedy donc 4. de Septembre, nos Captifs estant embarquez, nos Lettres & Certificats expediez, nostre Truchement payé, nos voiles rendües & renverguées, nôtre Vaisseau leste & esparmé, nous allasmes prendre nostre congé du Day, lequel nous l'octroyant, nous chargea de ses depesches pour nostre grand Monarque, enveloppées dans vn rouleau de Satin rouge, dont sortoit vne petite feüille de parchemin, en forme de cœur, ayant pour inscription, d'vn costé en caracteres Turcs, & de l'autre en François, A SA MAJESTE' ROYALE ET TRES-CHRESTIENNE. Et (aussi-tost rendant tost rendant nos devoirs avec nos remercimens à Monsieur le Consul, qui nous mit aussi en main plusieurs paquets de Lettres, nous-nous vinsmes embarquer à la Goulette, d'où nous sortismes mettans à la voile sur les trois heures de relevée, apres nous estre recommandez à Dieu & à la Sainte Vierge, nostre Estoile mariniere.

Comme nous fusmes trente ou quarante milles à la mer, nous la trouvasmes si mutine, que nous fismes prudemment de retourner prouë au Cap de Carthage, à six milles d'où nous estions partis. Là nous nous mismes à couvert pour attendre plus beau temps, & y passames la nuit, mais dans l'ennuy & dans des aprehensions bien grandes (nonobstant nôtre bonne garde) des Corsaires de Tripoly ou d'Alger, & principalement de quatre grosses Fregattes Angloises, dont l'vne estoit à l'ahcre à la Goulette, preste à partir, qui nous avoit menacez de ne nous donner aucun quartier si elle pouvoit nous rencontrer & avoir le vent sur nous à la mer, (n'osant pas attenter sur nous à la veuë des Forteresses,) & les trois autres estoient à la sortie du Port Farine, sur nostre passage. Nous estions sortis exprés à leur insçeu de ladite Goulette pour les éviter, mais à la verité nous n'estions pas sans danger à l'abry de ce Cap, estans à leur veuë,

H

De revenir mouïller sous lesdites Forteresses, c'auroit esté rentrer en Enfer aprés en estre sortis.

Le Dimanche matin, environ les neuf heures, l'obscurité du broüillard estant dissipée, nous apercevons vne voile éloignée seulement de trois milles, laquelle vient droit sur nous sans pavillon; contre la coûtume de la mer, qui est d'arborer tousiours la Banniere aprochant d'vn Port, ou à la veuë d'vn Bastiment. Nous commençons à entrer en doute que ce ne soit quelque Ennemy : & pour le reconnoistre, nous donnons nous mémes le signal. Peu de temps apres nous voyons que c'est vne grãde Barque. La peur se diminuë beaucoup, sçachant que les Barques n'attaquent pas ordinairement les Vaisseaux : mais il y avoit encore à craindre qu'elle ne fust mieux armée que nous, puis qu'elle estoit si hardie, ou si temeraire, que de ne point exposer son Drapeau.

Cependant comme l'on reconnoit qu'elle aproche tousiours plus prés, chacun crie aux armes. Nostre Capitaine range tout le monde en bataille, fait amorcer les Canons, Perriers, mousquets, fusils, pistolets, & disposer toutes choses. A la portée du mousquet, estant prest à tirer, il crie au Timonnier de cette Barque ; *Pouge*, aussi-tost elle se destourne passant souteuent (ou dessous le vent) rendant le respect qu'elle nous devoit.

Ainsi elle eschappa la décharge funeste que nous allions faire sur elle, par la faute de son Gouverneur, ignorant au point, de ne pas sçavoir les coûtumes de la mer; lequel ne merite pas qu'on en parle davantage.

A deux heures aprés midy, le temps nous paraissant vn peu meilleur, que le Samedy, nous relaschons à la mer vne seconde fois; mais estans à la hauteur du Cap de Biserte, distant d'environ quarante ou cinquante milles de celuy de Carthage, nous y trouvons la mer encore plus eschauffée, plus écumante, & plus contraire, que le iour precedent. C'est pourquoy force nous est de revenir jetter l'ancre au mesme endroit d'où nous estions sortis, & d'y dormir encore cette nuit avec surcroist d'inquietude & de chagrin.

Enfin le Lundy 6. du mois au point du iour, vn petit vent Ponent-maestre soufflant, quoy que peu favorable, nous sarpons & retirons l'ancre, taschans de naviger par la carte de Grec-Tramontane. Avançans peu à peu en la mer, nous découvrons les trois Vaisseaux Anglois du Port Farine qui se mettent à la voile; ce qui nous donne vne telle épouvante, que nous quittons nostre carte,

H ij

pour aller par celle de Grec, & mieux prendre le vent & la fuite, à deſſein, la nuit eſtant arrivée, de reprendre noſtre routte, ſi nous pouvions, pour Provence, celle-là nous portant vers Malte. Le vent ſe fortifia ſi bien, graces à Dieu, que nous perdiſmes nos Ennemis de veuë, & avançâmes beaucoup cette iournée-là, bien ioyeux d'eſtre eſchappez de ce peril, & de nous voir hors de la Barbarie. Mais dautant que nous n'avions point cheminé par la carte qu'il falloit, peur de la rencontre infortunée de ceux qui avoient menacé de nous perdre, leſquels eſtoient plus forts que nous, ce ſoir avec le meſme vent Ponent-Maeſtre nous retournaſmes prouë afin de reprendre ladite carte que nous avions quittée. Nous ne manquaſmes pas de vent cette nuit, mais il eſtoit contraire, ainſi nous courions la mer ſans beaucoup avancer.

Le Mardy matin 7. veille de la Nativité Noſtre-Dame, le vent devint vn peu plus favorable, & dura juſques à environ les trois heures apres midy, que nous eſtions eſloignez de terre de plus de deux cens milles.

Alors le Ciel s'obſcurciſſant vn peu, l'on commence à apercevoir quelques éclairs, à ouyr quelque bruit ſourd du tonnerre, la pluye commence auſſi à degoutter, & le vent à se fortifier; ce qui nous avertit suffisamment de nous disposer à souffrir quelque peu de mauvais temps, lequel cependant en apparence ne seroit pas de longue durée.

Au moment que nous en pensons estre quittes, voila subitement vne si furieuse & si horrible tempeste, que l'on eust dit que tous les vents, sortis de leurs cachots, ne conspiroient particulierement qu'à nostre naufrage : que toutes les nuées se fondoient en torrens de pluye: que tout le Ciel alloit tomber en la mer, & que la mer au contraire se vouloit élever jusques au Ciel; le beau iour estoit changé en de si profondes tenebres, que si l'on voyoit quelque lumiere, elle ne provenoit que d'vne infinité d'éclairs du foudre & du tonnerre épouvantable, lequel faisoit boüillir & enfler d'vne telle façon cet Element irrité qui nous portoit, que nous élançant frequemment en l'air, nous y demeurions quelque-fois plus longtemps, que sur ces vagues écumeuses, qui surmontoient en hauteur & en grosseur les plus sourcilleuses montagnes. Nostre Vaisseau estoit vn theatre tragique de consternation & d'effroy. Le Capitaine, le Pilote, le Maistre, le Contre-Maistre & tous les Matelots ne sçavoient plus où ils en estoient. On ne sçavoit ny quoy commander, ny à quoy obeïr : comme on ne s'entendoit nullement, on ne pouvoit aucunement se respondre; si l'on se voyoit les vns les autres, ce n'estoit que par intervalles des Esclairs terribles qui ne faisoient qu'éblouyr. L'on croyoit que les voiles estoient dechirées & toutes en pieces, que le cordage estoit tombé, les antennes & les mats rompus. Trois ou quatre hommes n'avoient pas assez de force pour tenir & manier le timon, lequel ne servoit plus de rien, estant empesché de gouverner le Vaisseau par les coups frequens & impetueux qu'il recevoit des vagues & des flots. Chacun estoit tombé sur le tillac, tout éperdu, pasle & transi, les yeux ternis, le visage enfoncé, les sens égarez & confus, la langue attachée au palais, sans pouvoir dire autre chose, sinon, *Iesus-Maria*, *Iesus-Maria*, *Iesus-Maria*, n'attendant plus rien que de se voir englouty dans les Abysmes, qui paroissoient de temps en temps s'entrouvrir jusques aux Enfers.

Mais, ô merveille manifeste! Au moment que nous-nous écrions ainsi tous ensemble, *Iesus-Maria*, *Iesus-Maria*, voyans que nôtre Navire commençoit à s'enfoncer dans les Golfes, y estant desja entierement panché d'vn costé, la mer pardessus bord, & que nous estions au dernier periode de nostre vie : Au mesme instant, l'orage cesse tout à fait, la mer s'apaise, & le Vaisseau se redresse comme pendant le calme.

O Vierge Sainte & vrayment Nostre-Dame de Bon-Remede, Loüanges & Benedictions immortelles vous soient renduës à iamais, d'auoir sans doute en cette rencontre si puissamment intercedé pour nous auprés de vôtre cher Fils, à qui la Mer & les vents obeïssent, que nous ayons esté miraculeusement & diuinement preseruez de naufrage le iour auquel nous celebrions solemnellement avec l'Eglise la Feste de vôtre heureuse Naissance.

Si auparavant vn tel Miracle la terreur nous avoit abbattus & privez de nos sens : certes le ravissement & l'admiration nous tint encore long-temps apres prosternez, sans que nôtre cœur, palpitant, nous peust permettre de jetter dehors autres paroles, que, Dieu soit loüé, Dieu soit beny & la Sainte Vierge.

Enfin chacun s'estant relevé, & ayant repris les esprits & ses forces, les vns renoüent le cordage, les autres raccommodent les voiles, les autres relevent les antennes, les autres travaillent aux pompes à épuiser la grande quantité d'eau, les autres s'occupent à d'autres services, afin de remettre tout en estat de continuer nôtre Navigation.

Cependant nous tâchons d'employer le plus devotement qu'il nous est possible nos langues & nos voix à rendre à Dieu & à Nôtre Bonne-Remediatrice, les Actions de graces & remercimens ausquels nous sommes obligez.

Ayans repris & poursuivy nostre chemin, le Samedy onziéme du mois, environ les deux heures apres midy, nous touchâmes en Sardaigne, à dix ou douze milles du Havre de la belle Ville de Callari, tant à cause que le vent nous avoit forcez d'y aller, que pour prendre de l'eau, celle qui nous restoit estant toute corrompuë, & n'en ayant plus que fort peu.

La Paix de la France avec l'Espagne nous fut pour lors avantageuse, en ce que les Gardes des Forteresses qui sont le long des costes de cette grande Isle, nous permirent de mettre librement pied à terre pour puiser de l'eau, apres leur avoir esté declarer [au signal d'vn coup de mousquet qu'ils tirerent pour nous faire approcher] qui nous estions, d'où nous venions, où nous allions, & ce que nous demandions. Mesme ces Soldats nous vendirent quelques œufs, quelques figues, &, faute d'autre viande fraische, dont nous avions vn extréme besoin pour cinq ou six malades, du nombre desquels estoit nostre Confrere le Reverend Pere Le Beau, qui fut travaillé d'vne fievre continuë l'espace d'vn mois, dont il pensa mourir, vn Chasseur venant de tuer vn Musclion (qui est vne espece de beste sauvage bonne à manger, semblable à vn cerf, dont on ne voit point ailleurs) il nous le vendit aussi moyennant vne demi-piastre, mais cette venaison s'estant incontinent apres corrompuë, il la fallut ietter en la mer. Cette Isle abonde en toute sorte de gibier, & de bestes fauves, & il n'y a aucun animal venimeux ny nuisible, excepté vn de la grosseur d'vne aragnée seulement. C'est pourquoy les troupeaux, qui sont de tres-petites brebis à gros poil de laine, ainsi que les chevres, paissent iour & nuit au milieu des plus grandes forests. Cette terre est tres-fertile, & il s'y trouve mesme des mines d'argent, de souffre & d'alun. Il y a plusieurs celebres Villes, entre lesquelles on conte trois Archeveschez.

Le soir estant venu, nous nous retirasmes en nostre bord, avec bien du regret de n'avoir pû ce iour-là aller voir de prés le Convent de nostre Ordre en ladite Ville de Callari, lequel les soldats nous monstrerent de loin, situé sur le rivage de la mer, au pied d'vne montagne, dans vn Fauxbourg, & disoient qu'il estoit peuplé d'environ cinquante Religieux,

& fort regulierement basty.

Environ les trois heures après mi-nuit, [le] Dimanche douzième, survint, par bon-heur [vn] vent Siroc-levant, tel qu'il nous le falloit [le]quel nous faisant sortir de là, nous apport[a] fort agreablement, en moins de vingt-quatr[e] heures, jusques au deça de l'Isle Saint Pierre [&] deux iours après, le 16. du mois, veille d[e] la Feste du Nom de la Sainte Vierge, sur l[e] soir, nonobstant quelques bourrasques, nou[s] entrasmes, graces à Dieu, au Port de Toulon [n']ayans pû arriver à celuy de Marseille, [à] cause d'vn vent contraire; mesmes ce nou[s] fut vn grand avantage de trouver cette re[-] traite, car le temps devenoit toûjours plu[s] orageux, & la navigation plus difficile e[n] cette coste, le vent estant Ponent au Bech.

Le lendemain 17. de grand matin Messieur[s] les Intendans de la santé de Toulon nou[s] donnerent des Gardes pour nous conduir[e] tous trois au lieu de la quarantaine de Mar[-] seille, afin d'y disposer nos affaires en atten[-] dant que nostre Vaisseau auroit le temps favo[-] rable pour nous venir trouver.

Il faut remarquer qu'en certains Havres d[e] France, comme à Marseille & à Toulon, il [y] a de grands enclos, où l'on renferme les Per[-] sonnes & les Marchandises qui viennent d[u] Levant ou de Barbarie & autres lieux d'outre[-] ner, suspects de contagion, & que si leurs Cartes & Lettres sont bruttes & font mention qu'au temps de leur départ il y eust de la Peste au Païs d'où ils sont partis, on les enferme 80. iours dans lesdits enclos, au bout duquel temps on leur donne liberté de sortir, après avoir esté bien parfumez. Que si cette maladie y avoit cessé, mais seulement depuis peu, ils ne sont retenus que quarante iours. Que s'il y avoit parfaite santé depuis long-temps, cette quarantaine est reduite à vne huitaine, dixaine, quinzaine ou vingtaine de iours, suivant la prudence de Messieurs les Intendans; qui sont des Marchands Bourgeois éleus par le Public à telles Charges, lesquelles leur donnent authorité de condamner, mesme à la mort, souverainement & en dernier ressort, les fugitifs de ces lieux de santé & de quarantaine. Ils sont tellement ponctuels à leur devoir, que, le soir que nous arrivasmes audit Marseille, ne se pouvans pas facilement assembler pour nous recevoir dans les petites Maisons du Lazareth ou lieu de santé, ils nous firent enfermer avec nos Chevaux dans vn Corps de Garde jusqu'au lendemain matin, sans autres licts que quelques petits bancs; nous exhortans, pour couronnement de nostre voyage, d'avoir la mesme patience en ce lieu, que celle que nous avions deu avoir par tout ailleurs, & monstrans en cela, qu'ils preferent la santé publique & generale, à la particuliere.

Le lendemain, à Soleil levant, nous fusmes conduits audit lieu de la quarantaine, où aussi-tost l'on nous parfuma avec nos Gardes & nos chevaux, dans vne petite maison sans cheminée, mais non pas sans fumée, dont il falut, y estant enfermez à jeun, faire malgré nous vn desieuné de santé, cette sorte de viande, legere à l'estomac, se servant ordinairement en ces lieux-là és Banquets d'entrée & de sortie que l'on fait aux voyageurs pour leur argent. Le Paquet du Roy estant en mesme temps aussi parfumé, nous le fismes porter à Monsieur Depilles, Gouverneur de Marseille, lequel l'envoya par vn de ses Gardes exprés à Monseigneur de Vendôme, qui estoit à Aix, pour le faire tenir à Sa Majesté : ainsi des autres lettres.

Le 19. nostre Vaisseau, où estoient nos Captifs, arriva de Toulon à ladite quarantaine de Marseille, ayant troüvé la mer favorable. Cette solitude estoit si propre pour mediter à loisir sur tout ce qui s'estoit passé jusques là en nostre voyage, qu'elle nous auroit esté vn agreable sejour, sans le déplaisir & le regret extréme que nous avions de nous voir privez de la compagnie de nostre cher Confrere le

Envers les Captifs.

everend Pere Dachier, Depurté de Picardie, qui eſtoit allé pour faire la Redemption en Alger. Nous eſtions en d'eſtranges inquietudes de ce que nous n'en aprenions aucunes nouvelles, veu que nous avions propoſé luy & nous de faire noſtre poſſible, moyennant l'ayde de Dieu, pour nous rejoindre en ce meſme temps à Marſeille, & nous en retourner en France avec nos Captifs. Auſſi avions-nous toûjours pendant noſtre voyage prié le Ciel de faire proſperer ce deſſein.

Mais peu de jours apres, nous fuſmes comblez d'vne joye & d'vne conſolation qui ne ſe peut exprimer, lorſque l'on nous apporta la lettre de noſtredit Confrere, par laquelle il nous recommandoit de joindre nos Actions de graces à Dieu avec les ſiennes, de ce qu'il eſtoit arrivé à bon port à Toulon le 13. de Septembre, & de ce que ſon voyage avoit eſté heureux, qu'il ramenoit vn bon nombre de Chreſtiens rachetez de captivité ; que le mauvais temps l'ayant jetté audit Toulon auſſi bien que nous, ſuivant qu'il avoit appris, il croyoit que c'eſtoit vn ſigne que Dieu vouloit qu'il y fit ſa quarantaine avec ſa chere troupe, & qu'à la ſortie de là, il rendit en la grande Egliſe de cette Ville ſes vœux & ſes remercimens à Sa Divine Majeſté par vne Proceſſion ſolemnelle avec les Captifs, ſelon la coûtume qui s'observe en telles rencontres : ainsi, que nous ne l'attendissions point pour si tost à Marseille.

Messieurs les Intendans de santé, considerans que la Lettre de nostre départ de Tunis estoit notte, & qu'elle certifioit d'vne santé parfaite audit Tunis depuis long-temps, afin d'augmenter encore, s'il se pouvoit, la ioye que nous avions de l'heureux retour de nostre Confrere, d'Alger, nous ordonnerent entrée dans Marseille le 25.

Et le 10. d'Octobre ceux de Toulon ordonnerent aussi le mesme pour nostredit Confrere, lequel, mettant pied à terre sur le Port avec ses Captifs, fut receu avec la Croix & l'Eau benite par l'vn de nous, qui estoit le Reverend Pere Basire, assisté du Reverend Pere Ministre de nostre Convent de la Cadiere, & conduit processionnellement de là en l'Eglise Cathedrale, où le *Te-Deum* estant chanté avec vne excellente Musique, ledit Reverend Pere Basire fit vn mot d'exhortation. De tout ceci nous avons le Certificat de Monsieur Montagne, Conseiller, & Aumosnier du Roy, Prevost de ladite Eglise, Docteur en Theologie, & Vicaire General du Diocese dudit Toulon, en date du 11. dudit mois d'Octobre 1666.

Ce mesme iour 11. ledit Reverend Pe-

bachier, partant dudit Toulon, vint coucher avec ses Captifs en nostre-dit Convent de la Cadiere, où le Reverend Pere Ministre & ses Religieux n'épargnerent rien pour luy faire bon accueil.

Et le douziéme, apres y avoir rendu les actions de graces ainsi qu'à Toulon, il en partit & arriva le soir à Marseille, où les Reverends Peres Michelin & Le Beau, assistez du Reverend Pere Maurel, Ministre de nostre Convent, (dont les Religieux secondoient à l'envy le zele incroyable du Superieur) avoient disposé vne magnifique Procession, laquelle fut faite le 13. avec les deux Côpagnies de Captifs de Tunis & d'Alger, qui furent mises ensemble, afin de loüer & remercier Dieu conjointement & en vnité d'esprit, comme premier & principal Auteur du bienfait inestimable de leur affranchissement.

La Procession sortit de nostre Eglise, au carillon des Cloches & au son des Instrumens: les Religieux, revestus de leurs chapes, & assistez du Corps de Messieurs les Penitens-Blancs; les Captifs, avec leurs chaînes sur l'épaule, pour marque de leur liberté, conduits par des Enfans d'vne rare beauté, & en habits d'Anges, la Croix en teste avec la Banniere de l'Ordre; & en cette pompe, elle alla faire son entrée en l'Eglise Majour

& Cathedrale, dans laquelle feu Monseigneur l'Illustrissime & Reverendissime Pere en Dieu Estienne De Puget pour lors Evesque dudit Marseille, (dont la memoire est demeurée en Benediction) accompagné de tout le Corps du venerable Chapitre, eut la Pieté de recevoir ces Oüailles nouvellement arrachées de la gueule des Loups ravissans de Barbarie, & de leur donner la Benediction, aprés leurs reconnoissances & loüanges renduës à Dieu, par vn *Te Deum* chanté avec vne charmante Musique de voix & d'Instrumens ; Et Monsieur Cota, Docteur, Theologal, & Chanoine de ladite Eglise, finit la Ceremonie par vne Predication ; laquelle ravit ses Auditeurs, ne se pouvant rien dire de mieux, de plus docte, ny de plus éloquent sur la Captivité, & sur la delivrance de ces Chrétiens.

Ensuitte, la Procession, avec le même ordre qu'elle estoit venuë, s'en retourna en nostredite Eglise, où aprés vn excellent motet de Musique, l'on donna la Benediction du Tres-Saint Sacrement.

Ce que dessus est atesté par le Certificat dudit Seigneur Evésque, signé de sa main, Estienne de Marseille, & plus bas, par son Commandement, de celle de Monsieur son Secretaire, Name & scellé d'vn grand seau en cire jaune, daté du 15. Octobre au susdit an 1666.

nostre

Nostre depart de Marseille pour nôtre retour à Paris.

SI le Roy Prophéte voyant l'Arche d'Alliance retirée d'entre les mains des Philistims, où elle estoit Captive, en ressentoit une telle ioye, qu'il la faisoit conduire solemnellement en Procession, à laquelle il assistoit luy-mesme dévotement, invitant tout le monde, à son exemple, d'en remercier Dieu avec Cantiques, au son des Orgues, des luths, des harpes, des hautbois & autres instrumens de Musique; Certes les Religieux de l'Ordre de la Tres-Sainte Trinité retournans de Barbarie avec des Chrétiens, qui sont des Arches vivantes & des Temples mystiques du Saint-Esprit, rachetez de la cruelle servitude des Ennemis iurez de la Foy, n'ont pas moins de sujet d'en faire la Feste, & d'exhorter tous les Fideles des Lieux par où ils passent, de les accompagner processionnellement, comme freres & membres d'vn mesme Corps avec eux, & de faire résonner les Concerts, les clairons & les trompettes en action de graces reiterées à Dieu de leur fortunée délivrance.

L'on doit considerer en ces Captifs la Personne de Jesus-Christ, qui nous ayant rachetez de l'Esclavage insupportable du peché, & de la mort eternelle, est racheté en eux de la Tyrannie des Infidelles ; Et par consequent, si en les conduisant en Procession, comme en Triomphe, on leur fait de l'honneur : C'est au Sauveur de nos Ames que la Gloire en retourne.

Nous faisons paroître devant les hommes la Redemption de ces Chrestiens, par ce qu'estant vne sainte Oeuvre, pratiquée par l'Ordre & Confrerie de la Tres-Sainte Trinité, le prochain en est bien édifié, & reconnoit que les Aumônes sont saintement employées, lors qu'il voit ces Esclaves faire homage public à Dieu de leur liberté par les Villes où ils passent ; de quoy il y auroit lieu de douter s'ils s'en retournoient secrétement chacuns en leurs maisons incontinent apres leur débarquement. Ainsi l'honneur en demeure à la mesme Tres-Sainte Trinité, qui a institué l'Ordre & la Confrerie des Redempteurs ; conformément à l'Evangile, qui commande de faire les bonnes Oeuvres en telle sorte, qu'estant veuës du monde, le Pere Celeste en soit glorifié.

Cela soit dit en passant contre ces Impies & mauvais Riches, qui blasment les actions les plus Saintes, & qui n'ayans aucune Chasité pour ces pauvres Affligez sous les fers & les chaisnes des Barbares, ne doivent aussi esperer eux-mesmes aucune Misericorde du Iuste Iuge au temps de ses dernieres Assises.

Ledit iour donc 15. d'Octobre (apres que nos Captifs eurent expié leurs pechez, & receu la Sainte Communion,) nous partismes avec eux de Marseille pour revenir à Paris, suivant la coûtume, les presenter à nôtre Reverendissime Pere General, & luy rendre exactement compte de nôtre Commission.

Il faudroit vne Relation particuliere, & ne pas estre obligé à vn autre recit de ce qui s'est passé en nostre second voyage d'Alger, pour pouvoir au long raconter toutes les circonstances des bonnes receptions que l'on nous fit en toutes les pieuses Villes de nostre passage, & de la façon que le Souverain Redempteur du Monde fut reveré és personnes de nos libres Captifs.

Les Reverends Peres de nostre Maison Conventuelle de la Ville d'Aix, Capitale de la Provence, nous receurent avec vne Charité sans bornes, & nous conduisirent processionnellement, avec toute la magnificence possible, en l'Eglise Cathedrale de Saint-Sauveur, où le *Te Deum* fut chanté avec vne tres-melodieuse Musique, & la Prédication faite par vn de nous.

I ij

De là nous vinſmes à Lambeſc, où le Reveꝛ
rend Pere Merindol Miniſtre de noſtre Conꝛ
vent & tous ſes Religieux, comme auſſi Meſꝛ
ſieurs de la Confrerie, donnerent des preuves
tres-autentiques d'vne rare Pieté envers les
pauvres Captifs.

Paſſans par Cavaillon, ſur le chemin dudit
Lambeſé à Avignon, Meſſieurs les Magiſtrats,
& tous les Bourgeois de cette Ville, firent
bien voir, en peu de temps, par de bons efꝛ
fets, qu'ils eſtoient vrayment Charitables.

Nous fuſmes receus à Avignon avec vne
pompe & vn apareil correſpondant à la Sainꝛ
teté de cette Ville Papale, & au zele tout parꝛ
ticulier pour les Captifs du Tres-Reverend
Pere Royer, Miniſtre Provincial, & de tous
ſes Religieux. La Proceſſion ſe fit en l'Egliſe
Metropolitaine de Noſtre-Dame des Dons,
avec toute la ſolemnité poſſible ; de quoy
Monſeigneur le Vice-Legat nous témoigna
eſtre fort content & ſatisfait.

A Boulaine, le Reverend Pere Oſy, Direꝛ
cteur de noſtre Confrerie, Perſonnage d'vne
excellente Pieté, accompagné de tous Meſꝛ
ſieurs les Eccleſiaſtiques de cette Ville, nous
vint recevoir proceſſionellement hors les Porꝛ
tes, & nous mena en l'Egliſe Abbatiale &
Paroiſſiale, où nous fiſmes nos Actions de
Graces ; meſmes l'occaſion le permettant,

encore que nous ne fissions que passer, nous y fismes vn mot d'Exhortation: apres laquelle nous receûmes quelques gages de la Charité des Sieurs Confreres de ce Lieu, par les mains dudit Reverend Pere, pour contribuer aux frais de nostre voyage.

A Valence, tout le Peuple ne demandoit qu'à mener nostre Compagnie en Triomphe.

A Vienne, le Reverend Pere Boulien, aussi Administrateur de la mesme Confrerie, (duquel la memoire ne se perdra iamais en nostre Ordre, pour le zele incroyable qu'il continuë au rachapt des Captifs depuis tant d'années) vint pareillement au devant de nous hors la Ville, assisté de Messieurs les venerables Curé, & Prestres de l'Eglise & Paroisse de Saint Martin, en laquelle ladite Confrerie est erigée, & nous conduisit, en tres-bel ordre, en cette Eglise; où apres le *Te Deum*, nous eusmes le bon-heur de recevoir la Benediction du Tres-Saint Sacrement; & puis Messieurs les Confreres eurent soin de donner de leurs liberalitez, pour ayder à la subsistence & à la conduite de nostre Troupe.

A Lyon, la celebre Procession que les Religieux de nostre Maison nous y avoient preparée, afin d'y reiterer en passant nos Actions de graces à Dieu, à la veuë de cette noble Ville, se fit, avec vn aplaudissement merveilleux de tout le peuple, en l'Eglise Cathedrale de Saint Iean: de-là, en l'Abbatiale de Saint Pierre, où les Dames Religieuses, remplies de Benedictions avec eminence & au souverain degré, pour leurs prerogatives & avantages, chanterent vn *Te Deum*, avec telle melodie, qu'elles tiroient l'admiration de toute l'Assemblée; & où le Reverend Pere Bertier, Iesuite, preschant apres, toucha sensiblement le cœur de tous ceux qui estoient venus pour nous assister en cette Ceremonie.

Les Villes de Mâcon, de Turnus, & de Châlon, nous parurent embrasées du mesme Feu sacré, que celles d'où nous venions de passer.

Mais Auxerre sembla le vouloir emporter pardessus toutes, en ce que Monsieur Testu de Pierre-Basse, Docteur, venerable Doyen & Chanoine du Chapitre, & Grand-Vicaire de Monseigneur l'Illustrissime & Reverendissime Evesque, accompagné de tous Messieurs les Venerables Chanoines, tant de son mouvement propre & du leur, qu'en faveur de Messieurs les Oussets aussi Chanoines dudit Chapitre, Directeurs, & Saints Zelateurs de la Confrerie de nostre Ordre, establie en ladite Ville, nous receut processionellement en l'Eglise Cathedrale de Saint Estienne, au son de toutes les Cloches, & à la douce symphonie de l'Orgues, le Grand Autel decemment orné, auec vn grand nombre de Cierges alumez, où il fit rendre derechef nos loüanges & benedictions au Pere des Misericordes & de toute Consolation, par le *Te Deum* qui fut chanté d'vn concert admirable par le gros Corps de Musique: apres quoy, estant majestueusement revestu d'vne Chape des plus belles, il dit l'Oraison propre pour les Actions de graces. Et aussi-tost vn de nous montant en Chaire, s'efforça de conformer son discours à la Solemnité.

Mais de plus, la Pieté parfaite de cet Illustre Clergé alla iusqu'à ce point, que de faire vne Offrande considerable à ceux mesmes qui se venoient d'offrir à Dieu sans aucune reserve. Et Messieurs les Ouffets, comme à l'envy, voulurent encore la grossir par vne particuliere qu'ils y adjoûterent, laquelle estoit aussi proportionnée à leur invincible Charité. Le Certificat de cette Procession est signé par Mondit Sieur le Doyen & Grand-Vicaire, &, plus bas, par son Mandement, de Monsieur Lodinet, son Secretaire, & seelé en cire blanche, en date du 8. Novembre audit an 1666. Nous n'inserons point icy ce Certificat, non plus que les precedens, pour plus grande brieveté.

Noſtre Arriuée à Paris.

ENfin noſtre arrivée à Paris fut le 15. de Novembre à Midy, & à la bonne-heure, puiſque nous venions du coſté du Midy, & que c'eſt le coſté d'où vient Dieu même. *Deus ab Auſtro veniet.*

Il ne ſe peut pas imaginer, & moins encore exprimer avec quel ſuperbe Triomphe nos victorieux Soldats de Ieſus-Chriſt firent leur entrée en cette Ville, laquelle n'eſt à meilleur droit la Reine de toutes les Villes de l'Vnivers, que parce que toutes les Vertus, & principalement la Pieté, y ont leurs thrônes, ſolidement apuyez de celuy de nos Roys Tres-Chrétiens, preſqu'en autant de Perſonnes qu'Elle en contient, dont le nombre, paroiſſant infiny, la fait appeller vn Monde.

Noſtre Reverendiſſime Pere General nous ayant preſcrit de nous rendre, lorſque nous arriverions à Paris, en l'Egliſe de Saint Martin des Champs, ſous l'agréement qu'il en avoit des Superieurs, auſſi-toſt qu'on luy eut porté la nouvelle que nous y eſtions, il nous envoya recevoir proceſſionellement par tous les Religieux nos Reverends Peres & Confreres de ſon Convent, vulgairement dit, des

Maturins, entre lesquels se trouverent plusieurs Ministres & Superieurs des Maisons de France, Champagne, & autres Provinces voisines, conduits par le Reverend Pere Doyneau, Ministre du Convent de Clermont en Beauvoisis, Procureur general de la Redemption, & Promoteur de l'Ordre, lequel, en qualité d'Officiant, portoit vn Crucifix, & avoit six Choristes solemnellement revestus, comme luy, de Chapes d'Eglise; les autres Religieux, deux à deux, habillez de leurs Chapes conventuelles ordinaires, portoient chacun vn Cierge blanc alumé. Cette Compagnie rangée estoit escortée des Sieurs Exempts de la Ville, qui marchoient en divers ordres leur Baston à la main, suivis de plusieurs de leurs Archers en Casaques ou Hoquetons, armez à l'ordinaire, lesquels faisoient faire place devant, en queuë, & à costé; & quatre Trompettes du Roy, avec autant de Bedeaux, accompagnoient la Croix, portée par vn Religieux.

A l'arrivée de cette Procession devant le Portail de ladite Eglise de Saint Martin, (ô merveille!) se rencontra vn peloton de Ieunes Enfans parez en Anges, beaux comme l'Aurore, & brillans ainsi que de petits Soleils; Ils estoient revestus de Robbes & Roquets de satin blanc, chamarrez, & brochez d'or &

d'argent, avec vn Scapulaire aussi de satin blanc, relevé d'vne Croix sur l'estomach, rouge & bleuë, richement brodée ; couronnez de Lauriers, & de Pierreries, avec les Colliers & les Brasselets des plus fines perles, mignonnement chauffez, & le reste à proportion ; tenans en leurs mains avec des Palmes & des Lauriers, les vns de grosses chaînes d'or & d'argent, les autres des rubans des trois couleurs dudit Scapulaire ; lesquels entrerent en l'Eglise avec la Procession, suivans immediatement la Croix.

Nos Captifs estoient rangez deux à deux le long de la Nef de ladite Eglise de Saint Martin des Champs, portans, comme lesdits Anges, vn Scapulaire blanc, à la Croix rouge & bleuë, pour livrées de l'Ordre qui les avoit rachetez ; quelques-vns ayans la chaîne sur l'épaule, pour enseigne de leur liberté : Et en teste de la Troupe, marchoit vn Guidon de tafetas blanc, ayant d'vn costé vn écusson aux Armes de l'Ordre, qui sont ladite Croix rouge & bleuë en champ d'argent, à l'orle huit Fleurs de Lys d'or en champ d'azur, le tout timbré d'vne Couronne de France, à cause que l'Ordre est François d'origine, & qu'il a l'honneur d'estre dépositaire de la Couronne du grand Saint Louys, Roy de France ; Et de l'autre part estoit representé vn Ange & deux

Captifs à ses costez en la posture qui est remarquée cy-devant au chapitre troisiéme de l'Institution miraculeuse du mesme Ordre: avec cette Devise en lettres d'or, *In Cruce Libertas*, c'est à dire, la Liberté est en la Croix; ce Guidon estoit porté par vn Captif Parisien; & Nous quatre, qui avons eu le bon-heur de racheter & ramener cette Sainte Troupe d'Esclaves, estions derriere eux, en Robes longues, telles que nous les avions rapportées de nostre voyage, avec des Palmes à la main; pour nous signifier entre autres choses, que, tout ainsi que le Palmier regarde & s'éleve toûjours vers le Ciel, qui a donné la vertu à la Terre de le faire croître, de même nous devions referer à Dieu (dont le Ciel est le Trône, & la Terre le marche-pied) toute la Gloire de la Redemption de ces Chrétiens, comme en estant la cause principale & le premier Auteur.

Les Choristes entonnerent vn hymne pour invoquer en cette Solemnité l'assistance du Saint-Esprit, & en mesme temps ces Anges se rangerent vn à vn entre lesdits Captifs deux à deux, leurs coulans adroitement aux poignets leurs chaînes & leurs rubans, & les tenans de mesme façon que l'Ange, qui fut le Revelateur de l'Ordre, dont il est parlé audit chapitre troisiéme. Ces Chaînes & ces Rubans, avec les Anges qui les tenoient, voulans dire fort à propos, que lesdits Esclaves n'avoient esté delivrez de la cadéne des Barbares & Infideles, que pour estre Captivez le reste de leur vie, suivant l'obligation de leur Baptéme, au Service de Dieu, lequel avoit institué luy-mesme & revelé, par le ministere d'vn Ange, vn Ordre Religieux pour les racheter de la Captivité des Turcs, afin de les faire vivre dans la Liberté de ses Enfans ; & de plus, que leur Redemption estoit vn effet de son Amour, & de la Charité qui lie étroitement & vnit tous les Fideles ensemble & avec sa Divine Majesté.

En cette pompeuse disposition, l'hymne du Saint-Esprit estant achevé, & vn autre de la Trinité, commencé, la Procession, suivie de cette Escoüade Angelique & Libre-Captive, & de Nous, sortit, Orgues & Cloches sonnantes, & aux fanfares des Trompettes, & retourna en nostre Eglise des Maturins par les mesmes rues & en pareil ordre, qu'elle estoit venuë.

La Majesté de cette Procession, l'Eclat de ces Anges, & la Modestie de ces Images vivantes de nostre Divin Sauveur, que les Sarrasins & infideles Panthéres de Mahometans avoient voulu biffer spirituellement, aussi bien que corporellement, faisoient vn Objet qui gagnoit & ravissoit les plus saintes affections d'vn monde sans nombre, qui, à la foule & à l'envy, le contemploit le long des ruës trop petites, chacun ayant bien voulu estre vn Argus, pour y coller ses cent yeux, & simple Intelligence pour s'y attacher entierement. C'estoit vn si merveilleux spectacle, qu'il faisoit fondre les cœurs, emportoit toutes les pensées, & déroboit, aux premiers regards, l'esprit aussi-bien que les sens.

A l'entrée de nostre Eglise, ô Triomphe glorieux! ô Gloire triomphante! L'agreable carillon des Cloches, les melodieux concerts d'Orgues & Instrumens de toutes sortes, ausquels répondoient distinctement les Trompettes : la brillante & éblouïssante lumiere des cierges, dont les Autels estoient tout en feu pour la veneration du Tres-Saint Sacrement exposé à cause des Indulgences, lequel estoit dans vn Tabernacle, ouvert de toutes parts, qu'on auroit dit estre tout de pur or, soûtenu de plusieurs colomnes d'vn marbre tres-exquis & d'vne rare beauté : les rayons étincelans des habits, des chaînes, & des pierres pretieuses de ces Anges, ou, pluftost, de ces Seraphins, qui sembloient brûler leurs cheres Victimes enchaînées : les Benedictions & saintes acclamations de tout le peuple : en vn mot, les doux parfums qui remplissoient cette Maison celeste d'vne tres-souëfl-airante odeur: toutes ces choses, dis-je, enchantoient & charmoient tellement l'ame par les oreilles, les yeux & les narines, que l'on croyoit goûter par avance quelque chose du Paradis, & participer déja aux delices infinies des Bien-heureux.

Noſtre Reverendiſſime Pere General, bien que fort incommodé en ſa ſanté depuis pluſieurs mois, s'eſtant fait porter ſur le marche-pied du Grand-Autel, en ſon habit ordinaire avec vne riche Etole par deſſus, attendoit là, ces glorieux Trophécz, ces Hoſties ſaintes & ces Fruits delicieux, afin d'en faire vn Sacrifice Euchariſtique à la Tres-Sainte Trinité, & de dire en ſuite, pour ſa conſolation en ſon infirmité, avec le Grand-Preſtre Saint Simeon *Nunc dimittis Servum tuum, Domine, ſecundùm verbum tuum in pace, quia viderunt oculi mei Salutare tuum* : C'eſt maintenant, mon Dieu, que mon ame eſt remplie de toute conſolation, nonobſtant l'indiſpoſition de mon corps, puiſque vous m'avez encore fait la Grace, avant que de vous aller poſſeder, de vous faire vn Sacrifice de la liberté que vous avez renduë à vos pauvres Enfans.

Le premier de ces Ieunes Ambaſſadeurs celeſtes eſtant approché des baſſes marches dudit Autel, commence à feliciter en latin ce

Tres-digne Prelat, luy presentant de nostre part ceux que son zele charitable avoit rachetez de captivité: auquel Il répondit en mesme langue, concluant humblement, que la gloire de cette Redemption n'apartenoit qu'à Dieu seul, dont il le consideroit comme l'Ange, & luy, tenoit à grande gloire d'estre le moindre Serviteur tout consacré au service de sa Divine Majesté.

Puis ce petit Orateur se retirant, avec vne profonde reverence, tous ces Esclaves affranchis, qui au mesme instant furent déliez de leurs chaînes, & rubans par les Anges qui les tenoient, pour marque de pleine Liberté acquise entre les mains de ce Reverendissime Pere, s'allerent prosterner l'vn aprés l'autre à ses pieds, luy baisans les vns la main, les autres l'habit, qu'ils arrosoient de larmes pour paroles bien energiques & disertes de leurs actions de graces, tandis qu'ils recevoient sa benediction.

Et Nous, à la fin, les voulans imiter, & nous abaissans pour baiser le bas de son Scapulaire, avec tout le respect que nous devions: Il se mit en peine, tout foible & débile qu'il estoit, de nous relever, les larmes paternelles de ce bon & Charitable Pere servant de réponses aux paroles du compliment que luy avoient fait les nostres filiales, jointes auec celles de toute l'Assemblée.

Cependant le *Te-Deum* fut chanté avec vne Musique telle, que demandoit cette Feste, à la fin duquel ce Reverendissime Pere dit l'Oraison ordinaire aux actions de graces; Et le Reverend Pere Iean Damascene, Recolet, fit vne tres-docte & tres-charmante Predication, sans laquelle cette Ceremonie, quoy que d'ailleurs fort solemnelle, auroit semblé imparfaite.

Le lendemain quatorziéme, la Procession avec les mesmes Anges & Captifs, en pareil ordre, alla en l'Eglise Saint Eustache, de la grace de Monsieur le Venerable Curé, où la sainte Messe ayant esté solemnellement celebrée par le Tres-Reverend Pere Bordereau, Ministre du Convent de Troyes, & Provincial de la Province de Champagne, & la Predication faite par le Reverend Pere Victorin, Religieux Penitent de l'Ordre de Saint François du Convent de Nazareth, avec vne satisfaction indicible de tout son Auditoire, la Procession retourna en nostre Eglise, au sortir de laquelle les Captifs furent traitez en la place des Religieux au Refectoir, où nostredit Reverendissime Pere General se fit apporter, pour y servir luy-mesme des quatre plus anciens, ainsi que les Religieux, & quelques personnes seculiers à leur imitation ser-
virent

virent les autres, comme ils avoient fait le jour precedent, & firent encore le lendemain. Ce jour-là ces Affranchis augmenterent la liberté de leur conscience, en se confessant & recevant la Sainte Communion de la main de nostre Reverendissime PERE GENERAL, qui leur donna, avec quelques marques de sa liberalité, les attestations de leur Rachapt, & sa Benediction ; puis le Reverend Pere Procureur general de la Redemption leur distribua de l'argent à tous suffisamment pour se conduire en leur Païs.

Benedictus Dominus, quia Misericordiam suam ita magnificavit.

ATTESTATION DONNE'E aux Captifs retournans de Paris en leur Pays.

NOVS FRERE PIERRE MERCIER, Maistre en Sainte Theologie, GENERAL & Grand Ministre de tout l'Ordre de la Sainte Trinité & Redemption des Captifs, Conseiller du Roy en ses Conseils d'Estat & Privé, Aumônier & Predicateur ordinaire de sa Majesté Tres-Chrétienne, A tous les Fidels qui liront ces presentes, SALVT en Nostre Seigneur.

Le mesme Fils de Dieu qui est descendu du Ciel, pour chercher ce qui estoit perdu, & le sauver, *Venit Filius hominis quærere & salvum facere quod perierat*: C'est le mesme qui est venu sur la terre, afin de rendre témoignage à la verité, *Ad hoc veni in mundum, vt testimonium perhibeam veritati*. Que si les sainctes actions de IESVS-CHRIST sont pour nous autant de salutaires instructions, dans la pensée d'vn des plus sçavans Peres de l'Eglise, *Omnis Christi actio nostra est instructio*: Que devons-nous inferer de là, Nous particulierement qui (bien qu'indignes) gouvernons ce Saint Ordre, dont l'Institut principal est la Redemption des Captifs? Certes nous devons conclure, que pour imiter de plus prés le Souverain Redempteur de nos Ames, ce n'est pas assez d'avoir affranchy ces pauvres malheureux de leur Esclavage, si de plus Nous ne rendons au Ciel & à la Terre vn veritable témoignage de la fidelité qu'ils ont inviolablement conservée à Dieu dans vn si fascheux & si penible estat. Or désja, par la Divine Misericorde, Nous avons diverses fois, & tout nouvellement encore, employé avec fruit nos soins, nos diligences, nos deniers & ceux des Ames pieuses, pour le soulagement de quantité de Chrétiens reduits à cette derniere des miseres; Nous les avons envoyé chercher par

delà les Mers, visiter dans l'Empire Ottoman, racheter parmy les Barbares; pour, en les tirant des cachots tenebreux, & les delivrant des chaisnes cruelles des Ennemis jurez de nostre Foy, les remettre heureusement en la sainte liberté des Enfans de Dieu & de l'Eglise. De sorte que ce qui Nous reste à present, c'est de rendre, comme par ces presentes Nous rendons volontiers ce témoignage authentique à la verité, que
natif de   au Diocese de
est vn de
Esclaves ou Captifs délivrez par nos chers Confreres les Reverends Peres Pierre Michelin, Guillaume Basire, Antoine Dachier, & Victor Le Beau, Ministres, respectivement, & Superieurs de nos Maisons de Fontaine-Iesus ou Sylvelle, de Chaalons, de Lens, & de Meaux, Deputez de nostre Saint Ordre, & nos Commissaires generaux pour la Redemption que Nous avons fait faire cette année 1666. és Villes d'Alger & de Tunis, d'où ils ont esté par eux amenez, & par Nous receus en ce nostre Convent de Paris le treiziéme de ce mois. Entre lesquels ledit
ayant courageusement perseveré dans la Foy, nonobstant les occasions toûjours presentes & toûjours pressantes de la perdre; il merite que s'il a cy-apres besoin d'assistance corp-

K ij

relle ou spirituelle, elle ne luy soit pas refusée, par ceux qui la luy pourront donner. C'est pourquoy, Nous prions tres-instamment toutes personnes constituées en Charges, Offices, ou Dignitez; tous Ecclesiastiques, Seculiers & Reguliers; tous Gouverneurs, Iuges & Magistrats; & generalement tous & chacuns les Fideles, ausquels il pourra s'adresser pendant son present retour en son Pays, de l'avoir pour tres-particulierement recommandé, & de luy estre charitablement favorable. En recompense de quoy, ils recevront le centuple de la main liberale de celuy, qui possedant tout, comme Dieu, horsmis la pauvreté; l'a volontairement embrassée, se faisant Homme, pour nous acquerir les richesses eternelles: Que nous leur souhaitons apres vne longue & sainte vie, Au nom du Pere, & du Fils, & du Saint Esprit. Donné à Paris, en nostre Convent de la Sainte Trinité, du titre de Saint Maturin, sous nostre seing manuel, celuy de l'vn de nos Secretaires, & le contrescel de nostre Administration Generale, le quinziéme iour du mois de Novembre mil six cens soixante & six.

CHAPITRE VIII.

Relation de la derniere Redemption de Captifs faite à Alger en 1667.

NOstre Reverendissime Pere General, conformément à la volonté du Roy, qui luy avoit esté declarée par Monseigneur de Colbert, ainsi que nous avons remarqué cy-devant, nous envoya (à l'exclusion du Reverend Pere Dachier, Deputé de la Province de Picardie, qui avoit employé tout son argent) ses Ordres és Convens de nostre residence, avec le Passe-port de Sa Majesté, sur la fin de Ianvier 1667. pour partir incessamment & aller à Alger employer le reste de nos deniers au Rachapt des Captifs qui nous estoient particulierement recommandez. A quoy obeïssans avec exactitude, nous partismes le premier iour de Février, nonobstant vn fâcheux dégel apres vingt-six iours de forte gelée, & arrivâmes en nostre Maison de Marseille le 25. dudit mois.

Quelques iours apres, nous nous transportâmes à Aix, afin de témoigner nos tres-humbles soûmissions à Monseigneur de Vendô-

K iij

me, & recevoir les ordres de Son Alteſſe, luy faiſant voir noſtre Paſſe-port. Il nous dit que nous pouvions partir quand nous voudrions, & que les affaires du Roy avec Alger le permettoient, meſmes que noſtre voyage [ainſi que celuy de Tunis] contribuëroit beaucoup à confirmer la Paix nouvellement faite avec cette Ville & Royaume.

Nous cherchâmes en meſme temps au Port de Marſeille quelque Vaiſſeau ou Barque pour nous porter; mais dautant que nous ne pûmes convenir du prix avec les Proprietaires, il fallut en aller chercher à Caſſis, à la Ciouta, à Sanaris, à la Seine, enfin iuſqu'à Toulon, où nous traitâmes avec le Patron Nicolas Taſſy pour nous porter ſur ſa Barque d'environ mille quintaux, appellée Ieſus-Maria-Ioſeph. Il ſe rendit avec ladite Barque toute équipée à Marſeille le 4 Avril, pour nous y recevoir ſuivant que nous eſtions convenus.

Le lendemain 5. nos petites proviſions eſtant faites & embarquées : comme nous eſtions preſts auſſi à nous embarquer, & qu'en effet nous allons au Port, nous recevons par vn Envoyé exprés, défenſe de Son Alteſſe de nous embarquer, ny de partir iuſqu'à nouvel ordre.

Certainement, quoy que nous euſſions vne

entiere conformité au Bon-plaisir du Roy, & de Monseigneur le Gouverneur de Provence, ce retardement nous surprit beaucoup, veu que Son Altesse nous avoit accordé si volontiers l'execution de nostre Passe-port, & nous entrâmes en grand soupçon que quelque malveillant n'eust esté si osé que de La mal informer. Nous fismes plusieurs voyages à Aix pour obtenir Audiance & Luy faire nos tres-humbles Remontrances : Enfin le 24. dudit mois Elle nous permit de partir, nous faisant l'honneur de nous dire, qu'Elle avoit jugé à propos pour les affaires du ROY, de nous envoyer la Lettre de surseance, que nous avions receuë le 5. comme nous pensions estre sur nostre départ.

Nostre Embarquement.

Nous-nous embarquâmes donc & sortîmes du Port de Marseille le 26. Avril, & eusmes assez bon temps, graces à Dieu, jusqu'au premier de May, que la bonace nous prit entre Maillorque & Minorque, & dura vn peu de temps, pendant lequel il ne laissa pas de nous ennuyer beaucoup, parce que nous craignions entre ces deux Isles Baleares (distantes l'vne de l'autre d'environ douse ou quinze lieuës) vn certain Pirate Anglois, lequel depuis peu de iours ayant surpris dans vn Port inconnu desdites Isles le Vaisseau qui nous avoit portez à Tunis, (les Galeres de France l'avoient pris en Guerre) l'avoit emmené, apres avoir tué dedans Monsieur de Montaulien, Capitaine de Galere, & plusieurs de ses Mariniers. Bien que nous eussions pris dés Marseille la carte pour passer loin à costé de Minorque, le vent Siroc ne laissa pas de nous porter de nuit entre ces deux Grandes Isles.

Comme aprés la bonace & tranquillité de Mer suit ordinairement la tempeste : Le soir dudit iour, premier, le vent s'élevant vn peu froid & contraire, nous en eusmes peur, & nous approchâmes de la coste de Maillorque pour prendre fond quelque part à l'abry : mais aussi-tost vn vent de terre du Ponent nous obligea de reprendre nostre routte pour Alger, encore distant d'environ trois cens milles. De là nos voiles porterent si peu, que nous ne fismes qu'environ cent milles iusqu'au 3. de May sur le Midy, qu'vn vent Grec commença à souffler agreablement. Mais le soir à six heures, la joye que nous en avions fut bien convertie en tristesse, car nostre sentinelle apperceut vn Navire qui venoit droit à nous par proüe, lequel nous donnoit grand sujet de craindre (consideré le lieu où nous estions) qu'il ne fust Anglois, ou Pirate d'ailleurs que d'Alger, ceux d'Alger n'estant pas si fort à aprehender en cette occasion, dautant que nous y allions porter de l'argent.

Toute nostre consolation alors, fut, que ledit Vaisseau estoit à plus de vingt milles éloigné de nous; que nous estions (Suprevent) au dessus du vent, Grec, fort bon : & qu'estant proche de la nuit, il y avoit sujet d'esperer que si nous quittions la carte de demi-tour, & prenions celle de Siroc, nous pourrions échaper ce pretendu Corsaire & Ecumeur, lequel venoit à la boaligne & de costé par la carte de Bech-au Midy, car nostre force ne consistoit qu'à la fuite, & n'aurions pas pû resister, dix que nous estions, mal armez, contre vn Vaisseau, qui peut-estre estoit armé en Guerre, & fort en voleurs.

Nous sortismes donc de nostre routte, suivant le conseil pris, & mismes la prouë vers le Siroc, priant Dieu de nous continuer le bon vent, & de nous preserver de ce Vaisseau, s'il estoit Corsaire & Ennemy. Ce qu'il y avoit plus à craindre pour nous, c'est que le vent ne se tournast favorable audit Vaisseau, & ne devint trop violent; car les Barques ne cheminent pas si bien que les Vaisseaux en Grosse Mer, laquelle ne se fait Grosse &

n'est agitée qu'à force de vent. En ce cas dans vne heure nous aurions pû estre pris.

La nuit estant venuë, & le vent continuant favorable, nous eussions esté delivrez de toute crainte, sans la Lune, qui estant en son premier quartier, luisoit assez pour nous faire découvrir de fort loin.

Mais sur les deux heures apres mi-nuit, nous entrâmes bien de fiévre en chaud mal, car la peur du Corsaire nous quittant, celle du naufrage nous saisit. Il commença à tonner & éclairer, à pleuvoir & venter épouvantablement; On descendit la Grande Voile Latine, dont on se sert toûjours pendant le beau temps; jamais pendant l'orage; [d'où vient qu'elle est appellée, de Fortune aussi bien que Latine, par ce que l'on court risque, lors qu'elle est tenduë, de perir quand le vent est vn peu fort, si on ne la sçait bien faire porter] Mais cette Voile estant descenduë, il fut impossible d'accommoder la quarrée pour la mettre en sa place, à cause de l'obscurité trop grande, & de l'agitation continuelle de la Barque, qui ne pouvoit estre soûtenuë ny bien gouvernée par le Trinquet seul. On se donne soigneusement de garde sur mer de faire paroître la clarté du feu dans les Bastimens, lorsque l'on aprehende les Pirates; aussi ne pouvoit-on en alumer, les lanternes estant éteintes & renversées, mesmes la boussole; le pont, couvert d'eau des furieux coups de mer qui sautoient dedans & par-dessus toute la Barque de proü è à pouppe; à grand peine se pouvoit on tenir. Ce qui nous augmentoit encore l'aprehension de nôtre perte, c'est que le Patron, ayant consulté sa carte marine avant que la tourmente s'élevast, avoit trouvé que nous devions estre proches de terre; car nostre crainte de naufrage & d'y aller echoüer devoit estre d'autant plus grande, qu'il estoit impossible de nous en éloigner, faute de Voile, & que le vent & la mer nous y poussoient avec impetuosité. Dieu sçait avec quelle ferveur nous redoublions pour lors nos vœux & nos prieres, & comme nous reclamions *Iesus-Maria-Ioseph*, Patrons de nôtre Barque, & toute la Cour Celeste.

Ce mauvais temps dura iusqu'au point du iour. Alors on éleva la voile quatrée, on aperceut terre, vn rayon de Soleil en suite nous fit voir Alger derriere nous vers le Ponent, bien joyeux nous y tournâmes proüe & avec vn vent Grec y abordâmes, graces à Dieu, à Midy.

Nostre Arrivée à Alger.

C'Estoit vne chose épouvantable de voir tout le Port bordé & couvert, diray-je d'hommes, ou de monstres de toutes façons, qui sembloient ne nous regarder venir, que pour nous devorer : & n'estoit que nous avions desja veu à Tunis leurs affreuses mines, nous aurions pour le moins esté aussi effrayez que pendant nos tempestes & nos orages.

Aprés avoir mouillé & fait la salue, le Commis de la Doüane, & le Truchement François, nommé Ramadam, Renegat, vinrent aussi tost visiter par tout en nostre Barque, en oster les Voiles, & nous faire payer 55. piastres pour la moitié du droit d'ancrage, l'autre moitié se payant à la sortie du Port. Ils firent en mesme temps descendre nos caisses d'argent dans vn Esquif pour les porter en *la Casa del Rey*, qui est la Maison de Ville, afin de le compter pour prendre le Droict d'Entrée. Nous les suivismes, & mettans pied à terre, eusmes à la rencontre Monsieur Dubourdieu, Consul de France, qui nous fit l'honneur, outre son bon accueüil, de nous accompagner. AgiAly, vn des Anciens Mesfoulagas, ou Conseillers du Divan, assisté de quelques autres, nous donna Audiance, & nous fit répondre par le susdit Truchement & Interprete François, que nous estions les bien venus, & que nous pouvions librement racheter des Captifs suivant le Traité de Paix fait depuis peu avec la France. La Doüane se paya de trois pour cent pour le Droict d'entrée de nôtre argent.

Sortans de là avec des Mores qui portoient nos caisses, de quoy ils furent bien payez, ledit sieur Consul nous fit la grace de nous donner logement en la Maison du Bastion de France, tant pour nous, que pour nos Captifs à mesure que nous les racheterions. Incontinent nous aprîmes que le Vaisseau qui nous avoit donné la chasse & l'épouvante en venant, estoit de Salé & parti d'Alger, équipé de trois cens Barbares & de vingt-cinq pieces de canon; ainsi nostre terreur n'avoit pas esté mal fondée, car si ce Pirate nous eust abordés, c'estoit fait de nous, nostre argent auroit esté perdu avec la Barque, & nos personnes ou jettées en la mer, ou emmenées à Salé pour y finir peut-estre la vie dans vne miserable Captivité.

Au bout de huit iours nous avions desja mis en liberté vint-cinq Esclaves, lorsque le Divan (ou Conseil de Ville composé de plus de quinze cens Meſſoulagas, nous envoya dire que nous ne ſortirions point d'Alger pour les ramener en France, qu'auparavant le Roy n'euſt renvoyé ſoixante & dix Turcs dudit Alger, leſquels il tenoit ſur ſes Galeres à Marſeille.

O Avanie Turqueſque! ô fourberie & mauvaiſe Foy! Qui l'auroit attenduë apres le pouvoir qui nous avoit eſté donné d'abord à noſtre arrivée de racheter des Captifs? Cependant il nous fallut en benir Dieu, & faiſans de neceſſité vertu, prendre patience en cette maudite Ville avec nos pauvres Captifs affranchis, & neanmoins pas plus libres que nous, ny nous qu'eux. Nous les faiſions ſubſiſter à nos frais, & leur nombre s'augmentoit de jour en jour, la compaſſion nous obligeant de racheter de fois à autres les plus affligez. Cette ſeconde Captivité & détention injuſte nous fit ſoûpirer & gemir dans noſtre petite Maiſon (qui eſtoit comme vn Hoſpital) depuis le 12. de May iuſqu'au 11. de Septembre enſuivant, qui fut l'heureux jour de noſtre délivrance, apres que noſtre Tres-Pieux Roy eut renvoyé leſdits Turcs par la diligence & les ſoins de Monſieur Trubert ſon tres-digne Agent en Alger pour y traiter la Paix, lequel fit bien voir en cette occaſion de quel Employ il eſt capable vers les plus Puissans Monarques de toute la Terre. Il nous fut impossible de sortir de cette fondriere de miseres iusqu'à ce temps là, ny de gagner aucune chose sur ces Infideles Barbares, quelque voye, & quelque moyen que nous ayons tenté.

Nostre Départ d'Alger.

NOus mismes donc à la voile ledit iour 11. de Septembre à six heures du matin, ayant embarqué cinquante-cinq Captifs, & satisfait auparavant rigoureusement pour toutes choses ; & avec vne Navigation aussi breve & heureuse, Dieu mercy, que nostre détention avoit esté longue & facheuse audit Alger, nous nous trouvâmes le 16. à trois heures du matin, dans vne assez grande obscurité de brouillars, au pied du Cap de Nôtre-Dame de la Garde prés de Toulon, où ayant reconnu terre par vn abord si fortuné, aussi-tost épris d'étonnement & émeus de devotion, nous commençames tous à en chanter des Cantiques d'alaigresse & de remercimens au Ciel & à la Sainte Vierge, saluans sa Chapelle par vn coup de Perrier.

De là nous remontâmes le long de la côte vers Marseille, où nous arivâmes à bon Port le Samedy 17. à deux heures sonnantes du matin, avec vne joye incroïable & vne consolation qui ne se peut exprimer. Le iour estant venu, il s'assembla vne merveilleuse foule de peuple sur le Port pour nous considerer dans nostre Barque, (où estoit arboré en pouppe le Guidon de nostre Ordre pour enseigne de nostre Redemption) donnant de si grandes marques de joye & d'admiration de nostre retour, qu'il sembloit que nous retournassions d'vn autre monde; & les Parens des Captifs Marseillois que nous avions ramenez avec nous, lesquels on tenoit pour morts depuis long-temps, tiroient les larmes des yeux par leurs aplaudissemens & les Benedictions qu'ils faisoient retentir à la TresSainte Trinité, & à tout nostre Ordre pour le souverain bien-fait de leur affranchissement & delivrance.

Nous fismes la quarantaine audit Marseille, & en suitte Procession en l'Eglise Majour avec les mesmes pompes & ceremonies, qu'à nostre premier voyage cy-dessus de Tunis, où le Reverend Pere Freissinaud, Superieur des Prestres de l'Oratoire, fit vne Predication, qui correspondoit à celle de Monsieur Cota Doyen.

Et le 1. Octobre, les Captifs ayant Communié de la main de feu Monsieur l'Illustrissime

...me & Reverendiſſime Eveſque dudit Marſeille en la Sainte Meſſe qu'il nous fit l'honneur de venir celebrer en noſtre Egliſe, nous nous miſmes en chemin avec eux pour nous rendre à Paris ainſi qu'à noſtre-dit premier voyage de Tunis, aprés avoir pourveu ſuffiſamment à leurs neceſſitez d'habits & d'autres choſes.

Nous fuſmes receus proceſſionnellement avec beaucoup de ſolemnité par nos Confreres de nos Maiſons d'Arles & de Taraſcon, paſſans par ces deux Villes. Le Reverend Pere C. Mure, Miniſtre, preſcha en la Cathedrale de Saint Trophime d'Arles, & le Reverend Pere Vincent en la Collegiale de Sainte Marthe de Taraſcon.

Toutes les autres Villes juſqu'à Châlon ſur Saone incluſivement nous firent voir que noſtre ſecond paſſage les enflammoit de plus en plus à la Pieté envers les pauvres Captifs.

De là, nous eſtant propoſé de paſſer par la Champagne, nous vinſmes à Beaune, où Monſieur Patriarche Preſtre, & Directeur de noſtre Confrerie, eſtablie en l'Egliſe Paroiſſiale de Saint Pierre, dont il eſt Sacriſtain, nous diſpoſa promptement la Proceſſion avec tout le zele poſſible, & obtint avec nous de Meſſieurs de la Collegiale, que nous la fiſſions en leur Egliſe. Monſieur le venerable Curé

L

de ladite Paroisse Saint Pierre eut la devotion d'y officier, & tous Messieurs les Confreres & Dames Sœurs de ladite Confrerie d'y assister, portans leurs flambeux ordinaires & accoûtumez.

A Dijon, Monsieur Gontier, Docteur en Theologie, Prevost & Chanoine de la Sainte Chapelle du Roy, & Vicaire General de Monseigneur l'Illustrissime & Reverendissime Evesque & Duc de Langres, lequel Sieur Gontier est aussi Directeur de nostre Confrerie érigée en ladite Sainte Chapelle, nous permit d'aller processionnellement rendre nos Adorations au Tres-Saint Sacrement exposé en la Chapelle des Dames Vrsulines le iour de leur Feste; de là en la Sainte Chapelle où il y a vne hostie miraculeuse, & puis en l'Eglise de la Magdeleine, où est le Seminaire, dont ledit Sieur Gontier a pareillement la Direction; en laquelle aprés avoir fait chanter fort devotement le *Te Deum* par tous ses Nouveaux Disciples de IESVS-CHRIST, il donna la Benediction du méme Tres-Saint Sacrement, qu'il avoit exprés fait exposer.

TROYES, Capitale de la Champagne, ne pût pas faire paroître son excellente Pieté avec plus d'éclat ny de splendeur, qu'en faisant tirer plusieurs coups de Canon à l'entrée à la sortie de ces Vaillans Athlétes de Iesvs-Christ remis en liberté. Le Tres-Reverend Pere Leduc, Ministre de nostre Convent, & Visiteur Provincial de France, & ses Religieux nos Confreres, ne pouvoient pas aussi mieux témoigner la ferveur du Saint Zele qui les animoit, qu'en les venant recevoir hors la Ville en la Chapelle des Reverendes Religieuses de Sainte Marie avec vne magnifique Procession; d'où ils les conduisirent en l'Eglise de Saint Pantaleon, superbement ornée, en laquelle, aprés vn charmant motet de musique chanté à deux Chœurs, Monsieur Le Roy, Docteur, & Theologal, fit vne Predication digne d'vn Auditoire Royal, & telle que la Ceremonie requeroit. Passant de là par l'Eglise de Saint Nisier, on y pria pour le Roy; puis la Procession se finit en nostre Eglise par la Benediction du Tres-Saint Sacrement.

Nous obmettions de remarquer, que nos Confreres de Bar-sur-Seine, & tout le Peuple de cette petite Ville, comme aussi celuy des Riceys, à l'exemple de Messieurs les Curez & Ecclesiastiques, reconnurent le mieux qu'il leur fut possible nostre Divin Redempteur en nos Rachetez. Nos Confreres de Vitry-le-brûlé, & Messieurs de Vitry-le-François ne furent pas moins Charitables.

L ij

Mais CHAALONS en Champagne, certes, sembla vouloir, sinon surpasser, au moins égaler en Pieté sa Capitale ; car suivant la permission donnée aux Religieux de nostre Convent par Monseigneur l'Illustrissime & Reverendissime Evesque & Comte de Chaalons, Pair de France, (Bienfaiteur des Captifs ;) & du consentement de Messieurs les Venerables Doyen & Chanoines du Chapitre, nous fûmes menez processionnellement en tres-bel ordre, assistez de tous Messieurs de la Confrerie portans deux à deux leurs flambeaux alumez, de nostre Eglise en celle de Saint Estienne la Cathedrale, où ensuite de la Predication faite par vn de Nous, au defaut d'vn Illustre Predicateur absent, ledit Sieur Doyen, Monsieur Debar, Docteur en Theologie, & Conseiller du Roy, accompagné de tout ce Celebre Chapitre, nous receut dans le Chœur avec des signes d'vne ioye singuliere de la liberté renduë à cette Troupe Chrétienne, & en Action de graces, fit chanter le *Te Deum* & autres Prieres par le Corps des Musiciens, concertans comme à l'envy avec l'Orgue, qui joüoit alternativement à chaque Verset avec vne harmonie admirable. Les Oraisons convenables estant dites par mondit Sieur le Doyen, la Procession se rendit en l'Eglise de Nostre-Dame, avec l'agréement aussi de Messieurs, qui nous y receurent au son des grosses Cloches & de l'Orgue, & voulurent bien eux-mesmes, par vne devotion toute particuliere, entonner des hymnes de loüanges & de remercimens à la Sainte Vierge pour l'heureuse délivrance de ces Captifs. De-là nous revinsmes en nostre Eglise, où aprés Vespres, Monsieur Duboys, Vicaire General de Monseigneur, (qui estoit absent) donna la Benediction du Tres-Saint Sacrement.

Mondit Sieur le Doyen, pour derniere preuve d'vne excellente Charité envers nos Captifs, leur envoya le soir, tant de sa part, que de tout le noble Corps du Chapitre, des presens fort considerables.

A MEAVX, la Procession, qui se fit de nôtre Eglise en la Cathédrale, ne pouvoit pas estre plus celebre, puis qu'elle fut honorée de la presence venerable de Monseigneur l'Illustrissime & Reverendissime Evesque de ce Diocese, qui donna la Benediction à ces precieuses Dépoüilles de Barbarie, aprés la tresçavante & tres-éloquente Predication de Monsieur le Doyen Docteur de Sorbonne.

La Procession se rendit de là en la Chapelle des RR. Religieuses Chanoinesses, qui, ainsi que celles de Lyon, chanterent le *Te Deum* avec vne si Sainte modestie & vn concert si charmant, qu'elles excitoient sensiblement tout le Peuple à vne devotion extraordinaire. Cette Ceremonie se termina en nostre Eglise par la Benediction du Tres-Saint Sacrement, de mesme qu'aux autres Lieux.

Enfin nostre Reception à Paris fut vn second Triomphe aussi magnifique & pompeux, que celuy qui est décrit à la fin du precedant Chapitre. Le Sermon du Reverend Pere Baudouyn, Chanoine Regulier de Saint Augustin du Convent de Saint Victor, Licentié en Theologie, fait en nostre Eglise le Samedy 5. Novembre jour de nostre arrivée, & celuy du Reverend Pere Loüis de Sainte Felicité, Religieux Augustin Déchaussé, fait aussi le lendemain à l'Offertoire de la Sainte Messe, solemnellement chantée en l'Eglise Paroissiale de Saint Paul, sous le bon plaisir de Monsieur le Venerable Curé & autres Messieurs, mirent dignement fin à ce second voyage, dont les Captifs furent congediez ainsi que ceux du premier.

CHAPITRE NEVFVIEME.

Comment les Chrestiens sont faits Captifs par les Turcs & les Barbares.

LA Barbarie comme principale Region de toute l'Afrique, qui est vne des quatre Parties du monde, contient environ huit cens lieuës le long de la coste de la Mer interne ou Mediterranée, depuis l'Ocean Atlantique jusques à l'Egypte. Elle est fertile en figues, oranges, dattes, & olives, plus qu'en bleds ; mais comme elle abonde en Lions, Tigres, Leopards, Serpens & Dragons, aussi les hommes qu'elle produit, tiennent si fort du naturel sauvage de ces animaux, qu'ils portent à bon droit le nom de Barbares pour leur extréme cruauté envers ceux qui sont honorez de celuy de Chrestiens ; car il y a quatre Villes principales en cette Barbarie qui font profession ouverte de Piraterie & de persecution contre le Christianisme, sçavoir est Tripoly, Tunis, Alger, & Salé, d'où il sort tous les ans plus de cent Vaisseaux tant Galeres, que Navires, & Barques, pour cet infame mestier, qui leur fait avoir des Captifs de toutes les Nations ; des Italiens, Siciliens, François, Espagnols, Portugais, Anglois, Holandois, Flamans, & autres, dont les vns sont pris sur Mer, les autres sur Terre.

Pour ce qui est du Grand Turc, qui fait sa demeure à Constantinople, quoy qu'on ne luy donne pas cette qualité de Corsaire ou Escumeur de mer, il ne laisse pas d'avoir grand nombre de Vaisseaux, qui battans incessamment la mer pour la garde de ses costes maritimes, prennent Captifs ceux qu'ils rencontrent à leur avantage sur la routte, s'ils n'ont point la Paix avec luy; & ne vend jamais aucun de ses Esclaves; au contraire il en fait acheter encore d'autres ailleurs, pour équiper ses Galeres, ses Galeaces & ses Vaisseaux, outre ceux qui luy sont envoyez de temps en temps par present de Barbarie, afin qu'il tienne ce Païs en sa protection contre les Princes Chrestiens; bien que les Barbares se soucient fort peu de luy ny des Bachas ou Vice Rois qu'il leur envoye.

Or voicy comme les Corsaires des Villes susdites se comportent en leurs Pirateries. Ils se mettent pour l'ordinaire deux ou trois Vaisseaux ensemble, bien munis, armez & garnis de bons Soldats. Ils font voile du costé qu'ils esperent de trouver des Navires Chrétiens, qui soient Marchands, car ils ne cherchent que ceux-là, & non pas ceux de

Guerre, ausquels il n'y a bien souvent que des coups à gagner.

Et comme il y en a plusieurs qui navigent tant sur la mer Océane, que sur la Méditerranée pour aller en Canada, en la Nouvelle France, au Bresil, au Perou, aux Indes, aux Ports de Levant, comme Smyrne, Alexandrette, Seyde, Alexandrie, & vne infinité d'autres, où ils portent des marchandises chacun de leurs Païs, & en vont querir de celles qui se vendent là : quand ces Corsaires en peuvent découvrir quelqu'vn, ils chassent dessus, & le plus souvent l'atrapent, par ce que leurs Vaisseaux sont meilleurs voiliers, plus legers, & moins chargez que les Navires Marchands, qui sont embarrassez de marchandises; & à lors ils font le Livre, qui est vn sort, pour reconnoistre, si combatans, ils emporteront la victoire. Bien que ce ne soit qu'vne superstition, neantmoins si ce Livre leur dit qu'ils doivent attaquer, incontinent ils deschargent tous leurs Canons sur le Vaisseau Chrestien, & luy font signe qu'il ait à se rendre promptement sans tirer. S'il se rend, il est perdu & les Personnes Esclaves, de mesme que s'il combatoit; s'il resiste & se defend, il y a bien à chamailler; car le Turc taschant de l'acrocher avec ses harpons, s'il l'acroche, il saute dedans, le cimeterre à la main : & pour lors le Chreſtien faiſant tous ſes efforts à le bien defendre, le Navire eſt en peu de temps couvert de corps qui nagent dans leur ſang. C'eſt vne choſe effroïable que d'entendre pendant ce conflit, les cris & hurlemens que font artificieuſement ces Barbares, pour jetter l'eſpouvante & la confuſion dans les eſprits. Il arrive neantmoins quelquefois qu'ils ſont contraints de ſe retirer, ou bien qu'ils ſont vaincus par les Chrétiens.

Mais ſi le contraire ſuccede, & que le Turc ſoit victorieux, ô que d'inſolence ! que de cruauté ! c'eſt à qui ſe jettera le premier l'vn ſur vn Chreſtien, l'autre ſur vn autre pour leur arracher les habits du dos, les battre, les enchaîner & les mettre en fond de calle.

S'il arrive que ces Corſaires ayans parcouru les mers, ne puiſſent rien prendre ; ils taſchent, pour ne s'en pas retourner à vuide, de ſe jetter en terre Chreſtienne & d'en enlever le monde & tout le butin qu'ils peuvent. Il eſt vray que pour s'en donner de garde, il y a ſur les coſtes de la mer, de 4. lieuës en 4. lieuës, des Tours aſſez hautes, pour découvrir bien avant en la mer. Dans ces Tours il y a des perſonnes gagées qui y font ſentinelle nuit & iour, & auſſi-toſt qu'ils aperçoivent quelque Vaiſſeau, ils donnent

Envers les Captifs.

de jour le signal, par des Bannieres, & de nuit, par des fanaux. Les Gardes des Tours voisines voyans ces signes, en font de même; tellement qu'en moins d'vn quart d'heure vingt Tours feront chacunes les mesmes signes, & toute la Coste, cent lieuës de long, sera avertie qu'il y a des Vaisseaux en mer: car le monde sortant hors de la maison, jette les yeux sur la plus proche Tour pour voir si elle ne fait point quelque signe: si l'on ne voit rien, on dit que la mer est nette: si l'on voit vn signe, on se tient sur ses gardes, & en estat de se bien défendre; mais les Corsaires tâchent de tromper les sentinelles & d'aprocher durant quelque broüillard ou obscurité de l'air, qui empesche qu'on ne les puisse découvrir ; & pour lors ils se jettent à terre, entrent dans les Bourgs & Villages, surprennent les habitans endormis la nuit, enlévent hommes, femmes, enfans, & tout ce qu'ils peuvent emmener, & en font l'embarquement avec tant de vistesse & de promptitude, qu'on n'a pas le loisir de prendre la fuitte, ny d'appeller au secours. Ces voleurs sont conduits à cela par des Renegats du mesme pays, qui sçavent les lieux & connoissent les maisons, ainsi que nous ont raconté la pluspart des Captifs que nous avons achetez qui ont veu à leurs despens tels brigandages.

CHAPITRE DIXIEME,

Les Miseres des Pauvres Captifs en Barbarie, & le Martyre du Venerable Frere Pierre de la Conception.

Comparer la Captivité de Barbarie à l'Enfer, c'est trop dire; car bien que les miseres des Captifs soient fort grandes, si est-ce qu'elles n'aprochent pas de celles des Damnez; outre qu'en Enfer il n'y a nulle esperance de rachapt ny de salut, au lieu que les Esclaves en Barbarie peuvent esperer l'vn & l'autre; mais aussi de comparer leur servitude au Purgatoire, il semble que ce n'est pas assez dire, parce que si les souffrances des Ames du Purgatoire sont plus grandes que celles des Captifs en Barbarie, toutefois ces Ames sont confirmées en grace, & ainsi exemptes de peché & asseurées de leur salut, aprés avoir satisfait à la Iustice de Dieu: mais les pauvres Captifs dans leurs travaux sont en grand peril de renier la Foy Chrétienne, & de mourir dans l'impenitence, & aprés les peines de cette Captivité tempoelle d'aller endurer à jamais celles d'Enfer; car, à vray dire, il faut qu'ils ayent vne constance merveilleuse pour ne pas estre esbranlés par de si rudes secousses. La mine de ces Barbares est si effroyable, leurs menaces si terribles, que souvent il arrive, que s'estans rendus Maistres d'vn Navire Chrestien, incontinent vne partie des Captifs espouvantez de les voir & de les entendre, renient la Foy de Iesus-Christ, pour embrasser l'Impieté de Mahomet, afin d'éviter par ce moyen les tourmens qu'ils aprehendent. Et ce qui est plus déplorable, c'est qu'ayans vne fois lasché la parole & dit qu'ils veulent estre Turcs, il n'y a plus moyen de s'en dédire, sans estre brûlé tout vif à petit feu, ou muré; aussi-tost que l'on est arrivé en terre, il faut faire profession solemnelle d'observer toutes les superstitions du maudit Alcoran, Livre de leur Imposteur & faux Prophete Mahomet, qui l'a farcy de mille fables & resveries, de mille erreurs & blasphemes contre le Christianisme. Entre autres faussetez, il oblige ces Aveuglez de croire avec les Heretiques Arriens, qu'il n'y a qu'vne seule Personne en Dieu, & que Iesus-Christ n'estoit qu'vn simple Prophete; & avec les Manichéens, qu'il n'a point esté crucifié, n'est point mort, ny ressuscité, mais que les Iuifs le voulans crucifier, il s'en fuit au Ciel, & donna sa ressemblance à Saint Iean Baptiste, envers lequel ils exercerent leurs cruautez; Il leur défend, comme aux Iuifs, la viande de porc, & les Images en leurs Mosquées ou Temples, ainsi que les Iconomaques : leur recommande, sur tout, la persecution à l'endroit de tous ceux qui ne croiront pas que Mahomet est le plus grand dans le Ciel aprés Dieu : leur défend de disputer de leur Religion & vne infinité de choses semblables.

Or Voicy comme vn miserable Captif se fait Renegat, professant l'impieté dudit Alcoran. On luy commande d'élever le doigt d'aprés le pouce vers le Ciel & de proferer les paroles du Symbole Mahométan, qui sont : *Lah illah illellah, Mehemmet drassoulla* : C'est à dire, qu'il n'y a qu'vn seul Dieu, & que Mahomet est son grand Prophete immediatement auprés de Luy. (Les Prieres des Barbares lesquelles ils nomment *sala*, ne contiennent le plus souvent que ces mesmes mots, dont ils vsent encore avec d'autres au lieu de cloches pour apeller du haut des Tours en leurs Temples ou Mesquites.) Aprés que le Renegat a prononcé ledit Symbole, on luy change son nom de Chrestien, en vn de Turc, comme par exemple en celuy de *Moustafa*, qui signifie, aymé ; *Abdalla*, qui veut dire, ſerviteur de Dieu ; ou autres ; puis on le raſe, ne luy laiſſant qu'vne houppe de cheveux au ſommet de la teſte ; on luy change ſon chapeau en vn Turban, & ſes habits en vne Veſte Turque, & enfin on le circoncit. Nous en avons veu quelquefois certains, à nôtre grand regret, promener vn à vn comme en triomphe le long des ruës d'Alger avant que d'eſtre circoncis. Le mal-heureux eſtoit monté ſur le Barbe blanc de l'Aga ou General des Soldats Ianiſſaires, reveſtu de la façon que nous venons de dire, tenant droite vne petite flèche avec deux doigts ſeuls, le pouce & l'index, vn petit garçon Maure conduiſoit le Cheval par la bride, celuy qui eſtoit deſſus ayant touſiours la veüe collée ſur ſa flèche ; quatre joüeurs de clairons & de tambourins marchoient devant ſuivans vne Banniere blanche ſur laquelle il y avoit quelque inſcription en caracteres Turcs, & vne queüe de Cheval bayart pour floc au bout ; deux Meſſoulagas ou Conſeillers du Divan coſte à coſte alloient en ſuitte ; (ce ſont Soldats veterans, qui ont occupé toutes les Charges de la Milice :) puis en meſme ordre quatre Odabachis ou Caporaux de Compagnies, Ianiſſaires, & douze Chiaoux ou Huiſſiers, chacun le coutelas nud ſur l'épaule : & deux autres avec un bonnet à la main faisoient la queste devant ça & là pour ce nouveau Turc. Nous demandasmes à un Renegat François, qui nous visitoit ou espioit plus souvent que nous n'aurions voulu, pour quoy lesdits Chiaoux portoient ainsi leurs Escarcines? Il nous repartit que c'estoit pour tailler en pieces celuy qui tenoit à cheval cette fléche entre ses deux doigts, au cas qu'il vint à la laisser tomber, dautant que ce seroit un presage qu'il ne seroit pas bon Mussulman ny fidele Persecuteur des Chrestiens, lesquels par cette Ceremonie on faisoit serment de persecuter avec une haine mortelle.

Mais, pour sortir de cette digression & reprendre le fil du discours que nous venons de quitter, quand les Captifs sont constans en la Religion Catholique, & ne s'épouvantent point des menaces, la pluspart des Turcs les battent pour les forcer de la renier, croyans qu'ils ont beaucoup de merite d'attirer une Ame à leur Superstition. S'ils voyent que la force n'y fait rien, ils usent de flatteries & promettent merveilles à ces miserables, pourveu qu'ils embrassent le Mahometisme. Ils leur font esperer la liberté, & de les faire estre Ianissaires, c'est à dire Soldats du Grand Turc, pour avoir Solde toute leur vie en Paix & en Guerre, & estre anoblis comme

comme les Gentils Hommes en Chrétienté. Ils leur promettent encore des biens, & de les marier richement: Et de tout cela, rien bien souvent, car l'infortuné Renegat demeure toûjours Esclave, & tout ce qu'il peut faire & acquerir est pour son Patron; mesmes s'il a des Enfans, ils apartiennent à ce Maistre, qui les peut vendre, ou bien les employer à son service. Il a neantmoins des franchises que n'ont pas les Captifs Chrétiens; car premierement il est exempt de la chaîne & de la Galere, parce que les Turcs estiment que c'est vne chose trop honteuse de mettre à la chaîne ou en Galere, vne personne de leur creance. Et c'est la raison pourquoy il y a des Captifs en tres-grand nombre qui renient la Foy & se font Turcs, mesmes quelquefois contre la volonté de certains Maistres & Patrons, plus attachez au lucre & au profit qu'ils retirent des pauvres Chrétiens de Galeres, qu'affectionnez au Mahometisme qu'ils professent par maniere d'acquit. Secondement si vn autre Turc que le Maistre entreprent d'injurier ou de battre le Renegat, il se peut revancher de parole & des mains, rendant coup pour coup, ce que n'oseroit pas faire vn Esclave Chrétien, car se voulant defendre d'vn Turc, il avoit seulement levé la main sur luy pour le fraper,

M

il auroit le poing couppé & seroit cruellement mis à mort. Troisiémement, le Renegat s'habille à la Turque, & peut entrer dans les Mosquées, ou Temples des Turcs, ce que ne peut l'Esclave Chrétien, car s'il estoit entré en vne Mosquée, on le forceroit à renier sa Foy pour prendre le Turban, ou bien on le feroit brûler à petit feu : à bien plus forte raison s'il y avoit parlé contre la Loy Mahometane.

Pour preuve de quoy, nous raconterons ce qui arriva en la Personne, non pas d'vn Captif, mais d'vn Homme vrayment Libre, pendant que nous estions en la Ville d'Alger.

Le Martyre du Venerable Frere Pierre de la Conception.

VN de nos Confreres Espagnols, Religieux Convers, afilié à nostre Convent de Madrid, Ville Capitale d'Espagne, nommé Frere Pierre de la Conception, âgé de soixante-trois ans, estoit venu à Alger avec deux autres Religieux de ce mesme Convent, & estoient tous trois envoyez de nostre Ordre au nom de la Tres-Sainte Trinité, afin d'exercer les œuvres de miséricorde envers les pauvres Captifs, & pour les soulager en leurs misères & infirmitez, suivant vne Fondation faite en 1596. à cette fin par l'Illustrissime & Reverendissime Seigneur Laurens de Figueroa, Evesque de Segontine, dont jouït nôtre Ordre en Espagne ; Le Frere Pierre de la Conception voyant vn grand nombre de Renegats & Apostats de la Foy de IESVS CHRIST en cette Ville Infidele, & considerant qu'il s'augmentoit encore de jour en jour ; considerant aussi l'aveuglement & l'endurcissement étrange de ces Barbares, afin de leur donner quelques lumieres & faire quelque bonne impression sur leurs esprits, lors qu'ils estoient assemblez en leur grande Mosquée neuve, où ils faisoient leur *Sala*, ou plustost leur *Saba*, le 17. Iuin de l'année derniere 1667. Feste transferée de Saint Antoine de Padouë & jour de Vendredy, qu'ils observent chaque semaine comme nous le Dimanche ; ce Religieux, dis-je, divinement inspiré & animé, ainsi que le mesme Saint Antoine, d'vn Saint Zele pour la Religion Catholique, pour la défense de laquelle il avoit toûjours desiré avec autant de passion que ce Grand Saint, de donner sa vie en Afrique, & s'y disposoit dés long-temps, entra, environ les onze heures du matin, dans ladite Mosquée, tenant vn Crucifix à la main, avec vne Image de la Sainte Vierge, & vn Livre où estoit refutée l'impieté de l'Alcoran de Mahomet, & fendant la presse jusqu'à la place où le Marabout & Faux-Prestre de ces Infideles faisoit ladite *Sala*, ou Priere à leur mode, apres avoir fait le Signe de la Croix, il se mit à leur faire ce petit Sermon en langue intelligible à tous, dont voicy la copie traduite en françois, suivant l'Original trouvé écrit de sa propre main sur vne petite feüille de papier, qu'il laissa tomber exprés au milieu de l'Assemblée de ses Iuges, afin que l'on pût lire ce qu'il avoit presché. François Giron Captif du Divan, natif de Saint Malo, present à ladite Assemblée, comme Esclave de service, recueillit ladite feüille secretement, & la retint pour nous la mettre entre les mains.

MES FRERES : Ie viens icy pour vous faire sçavoir, que comme il n'y a qu'vn Dieu, Createur, Sanctificateur, & Fin derniere de tout le Monde : Aussi il n'y a qu'vne seule vraye Eglise, qui est la Congregation des Fideles, qui croyent & professent la Foy de JESUS-CHRIST son Fils vnique Dieu & Homme, qui est né d'vne Vierge, dont voila l'Image, & qui a esté crucifié ainsi que vous le voyez par ce Crucifix, & lesquels reconnoissent le Pape pour son Vicaire icy bas en

Terre. Et qu'ainsi que ceux qui estoient dans l'Arche de Noé au temps du Déluge, furent sauvez, & ceux qui n'y estoient pas, perirent tous : De mesme ceux qui sont dans cette Eglise & y vivent suivant la Foy, dont ils ont fait Profession par leur Baptéme, qui est la porte pour entrer en ladite Eglise, seront sauvez, & ceux qui en sont dehors, seront infailliblement damnez. C'est pourquoy prenez garde à vous, qui estes hors de cette mesme Eglise, & qui la persecutez, ie vous en donne avis de la part de ce Grand Dieu du Ciel & de la Terre.

A peine Frere Pierre de la Conception eut-il achevé ces paroles, lesquelles il a proferées d'vne voix tonnante & étonnante tout ensemble, enflammé du S. Amour de Celuy qui parloit par sa bouche, que ces Barbares (qui luy avoient donné audiance, croyans qu'il se vouloit faire Turc) comme autant de Diables, se jettent & se ruent sur luy à la foule, le traînent hors de leur Mesquitte, l'accablent dans la bouë devant la porte, l'vn luy arrache le Crucifix, l'autre l'Image de la Ste. Vierge, l'autre son Livre : L'vn frappe d'vn costé, l'autre touche de l'autre, celuy-cy le tire par les cheveux, (car comme il estoit en habit seculier, ils estoient longs) celuy-là luy arrache la barbe, & comme ces bourreaux ne vont jamais sans plusieurs grands cousteaux à leur ceinture pour exercer le plus souvent leur infame mestier envers les pauvres Captifs, ils en tirent chacun plustost deux qu'vn, pour couper en pieces le corps de ce nouvel Apostre, comme s'il estoit Profanateur de leur tres-prophane Mosquée. Mais luy ayans des-ja porté deux coups qui avoient fait deux playes l'vne sur le col, & l'autre sur l'estomach, ils s'écrierent avec hurlemens effroyables, qu'il en seroit quitte à trop bon marché, qu'il le faisoit mener dans l'Hostel de Ville, pour le traiter à loisir suivant son merite à la sortie des Mosquées à midy. Ces Lions, avec les Mesoüars & Bourreaux ordinaires qui se trouverent aussi-tost de la partie, l'y trainerent à l'envy par les cheveux & par la barbe, les vns tirans devant, les autres poussans derriere, en vn mot, exerçans le long des ruës toute leur barbarie sur cet Homme tout sanglant, qui ne faisoit non plus de resistance qu'vn agneau. Vn pauvre Captif qui en avoit receu beaucoup de consolation pendant plusieurs années de sa servitude, bien surpris de le voir dans cette Maison entre les griffes des Mesoüars, luy demãda pourquoy on le traitoit si mal? Ce Vertueux Patient luy répondit, que ce n'estoit pas du mal pour luy, dautant que Dieu ne permettroit ce qui se faisoit en sa personne, que pour sa Gloire & pour vn plus grand bien.

A midy tous ces Barbares, sortans de leurs Mosquées, s'assemblerent audit Hostel de Ville, ou Divan, bien effarouchez du bruit & du tumulte que causoit l'entrée & la Predication de Frere Pierre de la Conception en leur Mosquée; Ils l'environnerent de toutes parts, (ce fut là qu'il laissa tomber le Billet où il avoit écrit son petit Sermon,) & luy demanderent, en le traitant d'vne infinité d'injures, pourquoy il avoit esté si osé que de mettre le pied en leur Mosquée, & d'y prescher contre leur Loy, s'il n'estoit point yvre ou insensé? Répondant qu'il n'estoit ny l'vn ny l'autre, que c'estoit pour leur conversion qu'il estoit entré en ladite Mosquée & qu'il y avoit presché : en mesme temps vn des plus execrables Renegats de tous ceux qui estoient là presens, pour insigne témoignage qu'il avoit en effet renié IESVS-CHRIST, arracha des mains des Bourreaux le Crucifix, l'Image de la Sainte Vierge, & le Livre de cet Envoyé du Ciel, & vomissant mille blasphémes, luy jetta le Crucifix au visage, puis le relevant de terre, & tirant vn de ses cousteaux, il en donna quatre coups à l'Image Venerable de ce Divin Sauveur, laquelle estoit de cuivre doré, comme s'il avoit voulu tüer vne seconde fois

Celuy qui ne peut plus mourir pour l'amour de luy, rompit celle de sa Sainte Mere, qui estoit sur fer blanc, & déchira le Livre en mille pieces. Le Moussaga, croyant que le Crucifix estoit d'or massif, l'arracha des mains de ce sacrilege Renegat, mais voyant qu'il n'en estoit pas, il cracha dessus le rendant au Renegat, qui aussi-tost le rompit en trois morceaux, & le jetta dans vne latrine, pendant que ledit Moussaga lavoit ses mains pour l'avoir attouché. Durant le temps que l'on commettoit ces Sacrileges à l'endroit de ces saintes Images, le fidéle Serviteur de Dieu redoubloit son zele à parler à toute l'Assemblée des excellences de l'Eglise Catholique, Apostolique & Romaine. Mais enfin ils se mirent tous à crier qu'il le falloit brûler tout vif à petit feu, & de fait, cela auroit aussi-tost esté executé, chaque Barbare aportant desja son offrande de bois pour composer le bucher, croyant par là beaucoup meriter; si vn particulier d'entre ces Barbares, qui faisoit mieux le politique que ses Compagnons, n'eust dit qu'il estoit à propos de le mettre en prison, pour estre interrogé de rechef sur les quatre heures de relevée; & que gardant ainsi plusieurs formalitez avant que de le faire mourir, cela empescheroit les Espagnols, aprenans ce bon procedé, de represailler &

d'en tirer vengeance és personnes de leurs Turcs, qu'ils tenoient sur leurs Galeres. Cet avis fut suivi, & vn Chaoux ou Huissier portant sept ou huit coups de poin sur le col, & sur la teste de cet Homme innocent, le jetta dans vn'obscure prison, où il le chargea de fers & de chaines comme le plus criminel du monde.

On ne sçauroit croire combien cette triste nouvelle nous alarma, lors que quelques Captifs secretement s'eschapperent pour nous en venir donner avis en nostre petite chambre, & aussi à nos deux autres Confreres Espagnols, qui demeuroient dans les Bagnes ou prisons, pour y faire leurs exercices ordinaires de charité envers les pauvres Captifs malades, car ce Charitable Prisonnier ne s'estoit conseillé qu'à Dieu seul pour entreprendre cette Action heroïque, à laquelle il se disposoit prochainement depuis quarante jours, par des jeusnes extraordinaires, Oraisons, & la frequentation iournaliere des Saints Sacremens, ainsi qu'il a esté remarqué apres son heureuse mort.

Ce que nous peusmes faire à lors, ce fut d'envoyer promptement vn de nos Captifs rachetez à ces deux bons Religieux, les exhorter de nostre part de recourir à Dieu en cette rencontre, où il s'agissoit de sa Gloire & de nostre Sainte Religion; & d'y recourir aussi nous-mesmes, nous prosternans à genoux dans nostre Chambre avec nos pauvres Captifs, & recommandans cette affaire à la Divine Majesté. Chacun peut juger si nous ne devions pas nous attendre d'estre compagnons de la mort de ce Confrere, puisque les Barbares nous voyoient tous les iours ensemble depuis deux mois, & que mesmes il sortoit d'avec nous quand il s'en alla prescher dans la Mosquée; Mais le Ciel ne nous vouloit pas favoriser d'vne Grace si particuliere.

Environ les quatre heures du soir, ledit Chiaoux fut envoyé par les Messoulagas ou Conseillers de Ville, querir le Prisonnier pour le reproduire devant eux, afin de l'examiner vne seconde fois. Il sortit avec vne grosse chaîne au pied, & portant sur l'épaule vne buche à laquelle il estoit attaché. Ils luy demanderent s'il persistoit en ses premieres réponses, & s'il n'estoit conseillé de personne, d'entrer ainsi dans leur Mosquée? Il répondit qu'il y persistoit, & qu'il ne croyoit estre entré en leur Mosquée que par Inspiration Divine.

Le lendemain Samedy 18. Iuin sur les dix heures du matin, l'abominable Renegat susdit fut envoyé au Prisonnier pour l'interroger secretement & pressentir s'il adheroit tousiours à ſes premieres réponſes, s'il ne voudroit point bien ſe faire Turc, pour obtenir grace, & éviter vne horrible mort? Il trouva vn rocher & vn homme inébranlable, qui proteſtoit de ſouffrir pluſtoſt feux & flâmes & tous les tourmens imaginables, que d'eſtre infidele à Ieſus-Chriſt ſon Maiſtre, en profeſſant la deteſtable Superſtition Mahometane. Telles répõſes eſtoient capables de faire renier vne ſeconde fois ce malin eſprit de Renegat, & ce Tentateur, ou pluſtoſt de le convertir, qui ſe vit obligé de laiſſer ce conſtant Perſonnage pour revenir faire le rapport aux Iuges impies de ſon cœur inflexible.

Enfin, le lendemain Dimanche 19. Iuin environ les neuf heures du matin, iour que les Barbares choiſiſſent ordinairement pour faire quelque Tragédie contre les Chreſtiens, le Divan (Synagogue des Méchans) s'aſſembla, où aſſiſterent avec le Moufty, qui eſt comme l'Eveſque, vne vingtaine de graves Marabouts en grande ceremonie, s'y agiſſant d'vne affaire plus ſpirituelle, que politique & civile. Ils envoyerent querir Monſieur Dubourdieu, Conſul de la Nation Françoiſe, homme qui s'eſt entierement conſacré à Dieu ſous la direction de Meſſieurs les Venerables Preſtres de la Miſſion de Saint Nicolas du Chardonnet de Paris, & qui aſsiste generalement tous les Captifs, autant qu'il en à le pouvoir; ces Iuges luy ordonnerent de faire sçavoir en Espagne pour empescher d'vser de represailles envers les Turcs qui y estoient, qu'ils ne faisoient mourir ce Papas, que pour estre entré en leur Mosquée & y avoir presché contre leur Loy, ce que jamais homme n'avoit osé faire depuis qu'Alger estoit Alger. Ensuitte ils envoyerent ledit Renegat avec les Mesoüars querir ce Prisonnier pour le presenter devant eux la troisiéme & derniere fois. Ce Renegat redoubla ses artifices & ses charmes pour le faire devenir son Compagnon, l'avertissant de prendre garde à ce qu'il alloit répondre, qu'il seroit jugé diffinitivement d'estre bruslé tout vif à petit feu, à moins que de retracter sa Predication & d'expier son crime par vne Profession solemnelle de l'Alcoran; Mais cet Invincible, élevant les yeux au Ciel, la main sur la poitrine, reïtera la mesme protestation que cy-dessus pour la Foy de IESVS-CHRIST, & la mesme détestation de l'Impieté Turquesque, & obligea ce Sathan de se retirer tout confus, pendant que les Bourreaux le traisnerent au milieu de la cour, pleine de Iuges iniques & de criminels Maraboux, qui luy ayant fait oster ses fers, luy remontrerent que son crime estoit si enorme, que, suivant leurs Loix, il ne pouvoit dignement en faire satisfaction, à moins que d'estre brûlé tout vif à petit feu, ou faisant Abjuration de sa Foy Chrétienne & Papale, pour embrasser la vraye Loy de leur Grand Prophete Mahomet: qu'il eust à répondre lequel des deux il optoit & choisissoit.

O, c'estoit en cet Auditoire qu'il faisoit beau écouter ce Docte Predicateur de Iesvs-Christ, répondre avec vne hardiesse admirable, qu'il estoit prest de souffrir pour l'Amour de son Maistre & la défense de la Foy de son Eglise, tous les Suplices que la rage, la furie & la cruauté des Bourreaux de l'Ante-Christ Mahomet pourroient inventer!

Il fut aussi-tost ordonné aux Mesoüars & Bourreaux de l'aller brûler tout vif à petit feu, sans autres formalitez, car on n'escrit point de procez en ce Pays-là.

Au mesme instant, ces Bourreaux se jetterent sur ce Iuste condamné, le tirerent à quartier par les cheveux & par sa barbe Venerable, le dépoüillerent tout nud, à la reserve d'vn méchant haillon qu'ils avoient mesmes regret de luy laisser pour couvrir sa pudeur. Les Saintes Reliques, le Saint Scapulaire de nôtre Ordre & autres marques de Religieux qui estoient cachées sous ses habits seculiers, allumoient leur fureur. Vne ceinture piquante de fil-d'archal, large de quatre doits, qu'ils trouverent autour de ses chastes reins, dont il les affligeoit nuit & iour, ne leur fit point apréhender sa Sainteté. Ils luy jetterent vne grosse chaîne au col & vn pôteau sur l'epaule pour porter au lieu de son buchet, qui estoit desia preparé dans le Cimetiere des Iuifs hors la Ville, à cent pas de la porte de Babalouet. Ils luy garotterent les bras derriere le dos, de telle sorte cependant qu'il peust tenir d'vne main ledit posteau sur son espaule. Nu-teste, sinon qu'elle estoit couronnée d'estouppes, & nu-pieds ainsi que le reste du corps, on le fit sortir en cette estat dans la ruë pour le conduire au suplice.

Il y alloit alaigrement, mesmes il y couroit; les Mesouars, qui luy tenoient derriere la chaîne au col, avoient peine à le suivre, tant s'en faloit qu'ils fussent obligez de le traîsner. Il rendoit le long des ruës des Benedictions aux impitoyables Turcs, qui luy donnoient des maledictions le voyans passer devant eux. On l'entendoit continuellement produire des Actes de Foy, d'Esperance, & de Charité, & se recommander à la Tres-Sainte Trinité. Ce qu'ayant oüy le plus cruel des Barbares & Renegats, le voyant passer devant la porte de sa boutique, il alla luy décharger trois grands coups de baston sur son dos tout nud & découvert, qui le terrassérent, sans qu'il témoignast aucunement s'en ressentir, sinon qu'en se relevant, il pria les Bourreaux de ne pas permettre qu'il fust privé de la peine du feu, puis qu'il y estoit condamné, & en effet pour l'empescher, ils crioient à la foule de les ennemis conjurez, qu'ils luy feroiẽt grace s'ils l'accabloient ainsi de coups & le faisoient mourir avant que d'estre au lieu de son bûcher. Où estant enfin arrivé, il déchargea son poteau, & aussi-tost le baisa, comme aussi la place où il alloit estre planté, & les yeux élevez au Ciel, pendant qu'on le plantoit, il s'escria par ces paroles. Loüé soit le Tres-Saint Sacrement de l'Autel, & l'Immaculée Conception de la Tres-Sainte Vierge Mere de Dieu ! Beny soit ce iour, auquel la Divine Bonté me fait la Grace de voir ce que i'ay tant desiré ! Puis commençant à exhorter les pauvres Captifs à la patience dans leurs tribulations, il fut lié au posteau, & on'alluma deux monceaux de bois devant luy, & deux derriere, d'vne distance proportionnée pour le faire mourir à petit feu & le rostir sans le consumer. Plus ces buchers s'enflammoient, plus ce Genereux Athlete témoignoit de satisfaction de se voir mourir de la sorte. Les Marabous luy crioient incessamment, grace, s'il vouloit promettre de changer sa Couronne à vn Turban, & luy reciproquement leur crioit que Dieu leur feroit misericorde, si jettans leurs Turbans dans le feu, ils embrassoient la Foy de Celuy pour lequel il donnoit sa vie. Ces colloques & autres semblables durerent trois quarts d'heure, pendant que le sang boüilloit dans les veines de ce Valeureux Soldat de IESVS-CHRIST, sans qu'il permît à la nature de jetter aucuns cris, ny de donner aucun signe d'impatience dans les cuisantes ardeurs de cet element qui l'environnoit. Enfin n'en pouvant plus, il finit par ces paroles, qu'il poussa vers le Ciel; ô Anges Bienheureux! Ie vous prens à témoin, comme ie n'ay rien fait que pour accomplir la volonté de mon Dieu. Et vn de ses bras s'estant détaché, il s'éforça d'élever la main au Ciel, comme voulant offrir son Ame à Dieu avec l'Holocauste de son corps, mais tombant en bas, & taschant de se relever, les Bourreaux, qui estoient dans la derniere impatience de le voir consumé, aprocherent les flâmes de cette pure matiere, pour la reduire en cendres, suivant qu'il leur estoit ordonné, laquelle estant dans la disposition prochaine de recevoir le feu, s'enflamma en vn instant. Les Barbares voyans que le bois manquoit pour achever de consumer cette victime, retournerent

tournerent en querir de nouueau, lequel ils jetterent dessus ; mais enfin, lassez de telles offrandes & voulans se reposer, après trois heures de temps passées à attiser le feu, ils ramasserent les Reliques de ce corps qui n'estoit pas encore tout à fait reduit en cendres, du poids d'environ vingt livres, & afin qu'il passast aussi bien par l'eau que par le feu, les allerent jetter dans le plus profond rivage de la mer, en signe de son doux rafraichissement dans les celestes rosées pendant vne Eternité bien-heureuse.

Or n'estant pas juste que les precieuses Reliques de Celuy qui avoit tant enduré pour retirer ces Barbares de l'abysme de leur Infidelité, demeurassent ensevelies au fond de la mer, Monsieur Dubourdieu, Consul de France, son intime & tres-familier Amy, fit en sorte d'obtenir permission à force d'argent de les faire repescher, pour les embaumer & envoyer, à la premiere commodité, en nostre Convét de Madrid en Espagne. Et d'autant que la méchâte Canaille & les Bourreaux avoient menacé, faisans brûler ce grand Serviteur de Dieu, de nous faire aussi brûler ensuite nous-mesmes avec nos deux autres Confreres Espagnols, comme estans tous cinq ses Compagnons, selon le raport qui nous en fut fait par des Captifs, lesquels avoient esté presens

N

à ce spectacle : Le Sieur Consul eut parole du Divan, qu'il ne nous seroit fait aucun tort, ny en nos personnes, ny en nostre argent. D'où l'on reconnoit combien nostre Ordre est obligé à mondit Sieur Dubourdieu, d'avoir si bien agi en cette rencontre inopinée, tant de son pieux mouvement, qu'à nostre suplication ; car s'il estoit fort important de conserver nostre Vie, il ne faloit pas que nous parussions en personne pour faire nos poursuites : ainsi nous avions besoin d'vn tel Mediateur auprés de ces Infideles.

Voila de quelle sorte les Turcs & Barbares traitent les Chrétiens qui entrent dans leurs Mosquées & qui y préchent contre le Mahometisme : mais aussi voila comme la Grace de Iesvs-Christ qui avoit rendu ce bon Religieux tout Seraphique, a triomphé de leurs suplices. Beau sujet de Panegyrique à nos Peres d'Espagne, qui connoissent entierement la Saintété de Vie du Venerable Frere Pierre de la Conception, ausquels on a envoyé d'Alger vn Procez verbal de son heureuse Mort, signé de trente-trois Captifs, qui en ont esté les témoins oculaires ! Mort vrayment heureuse ! puis qu'elle a esté volontairement endurée pour l'Amour de Dieu & le Salut du prochain, & qu'il est constant, que la haine de la Foy & le mépris du Christianisme ont esté les seuls ou principaux motifs, pourquoy ces Tyrans de Barbares & Renegats l'ont fait souffrir avec tant d'inhumanité à cet illustre Athléte de nostre Religion; lequel, pour s'y estre exposé de la maniere que nous venons de faire voir, ne doit pas estre condamné ny d'amour propre ny d'indiscretion : & ne le peut, que par des Personnes peu clair-voyantes & de peu de Foy, dõt le jugemẽt seroit tres-injuste. Mort par consequent qui a toutes les conditions essentielles & necessaires pour estre appellée vn veritable Martyre.

Cette mort toucha si vivement le cœur des miserables Renegats, que nous apprîmes de nos Captifs, que plusieurs d'eux, incontihent apres, ne peurent dissimuler leurs remords de conscience, se disans secrétement les vns aux autres, qu'il faloit pourvoir sans aucun delay à leur conversion, quand bien mesmes il arriveroit qu'il fallust souffrir le feu comme Frere Pierre de la Conception; & en effet, peu de iours apres on nous asseura, que sept ou huit s'estoient sauvez en terre Chrétienne, au grand peril de leur vie, pour y faire penitence de leur Apostasie. Et qui peut sçavoir combien de fruit a causé cette Glorieuse Mort, & combien elle en causera à l'avenir, confirmant les pauvres Chrétiens Captifs dans nostre vraye Foy, & empeschant

N ij

qu'ils ne se laissent aller à vn mal-heureux desespoir dans leurs souffrances ? Mort donc enfin vrayment precieuse devant Dieu & vtile à son Eglise, & qui a, s'il nous est permis de le dire hardiment, rendu Martyr en effet nostre Tres-Cher Confrere le Venerable Frere Pierre de la Conception, au lieu que le devot Saint Antoine de Padoüe, n'a esté Martyr que d'affection, duquel nous sçavons qu'il imitoit la Vie, & on le reconnoit par le iour de la Feste du mesme Saint Antoine, auquel il commença son Martyre, qui n'a esté consommé que le troisiéme iour d'apres.

Que si quelqu'vn avoit le moindre doute de cette verité, il seroit facile, pour l'en délivrer, de le prier de lire le Martyrologe, où il trouveroit que ce Nouveau Martyr entre fort à propos en comparaison, particulierement, avec Saint Mennas, lequel fut martyrisé pour estre monté publiquement sur vn Theatre en la Ville de Cute, & y avoir invectivé contre la Superstition des Gentils ; Et avec Sainte Catherine, mise à mort, dautant que, poussée de l'Amour de son Divin Epoux, Elle entra dans vn Temple de la Ville d'Alexandrie, où estoit l'Empereur Maximin avec plusieurs Idolatres, & là commença à prescher le Vray Dieu & IESVS-CHRIST son Fils Crucifié ; En vn mot, avec Saint Thomas de Canton bie, Saint André, Saint George, Saint Sabbé, Saint Longis, Saint Vincent, Saint Ignace, Sainte Eulalie, Sainte Apollonie, & plusieurs autres Saints & Saintes, qui ayant donné leurs corps pour l'Amour de Dieu aux Suplices, ont merité d'avoir des Couronnes perpetuelles, & sont parvenus à la Palme du Martyre.

CHAPITRE ONZIE'ME.

Continuation des miseres que souffrent les Captifs.

AUssi-tost que les Pirates de Barbarie sont retournez aux Ports de leurs Villes avec des Captifs pris en course, ils les font mener dans les prisons, apellées à Tripoly, Tunis & Alger, Bains ou Bagnes, qui sont comme de vastes celiers ou estables, dans lesquelles on renferme ces pauvres Gens, qui y couchent à terre ainsi que des troupeaux de brebis. A Salé, Tetoüan, Fez & Maroc, ils sont descendus avec des échelles dans les Matamoures, qui sont de grádes & profondes basse-fosses. Ordinairement ils les vont exposer dés le lendemain aux Batistans, Socs, ou Bazars, qui sont les Marchez ou Places publiques, pour y estre vendus aux plus offrans & derniers encherisseurs, apres avoir bien examiné auparavant les commoditez d'vn chacun, ceux qui sont riches ou pauures, qui sont de mestier ou non, & s'estre mesmes seruis premierement de flatteries, puis de menaces & du baston pour le reconnoistre, à dessein de les vendre plus ou moins cherement, car ces infortunez, (principalement les François,) tâchent toûjours de se faire passer pour pauures, qui ne sçavent aucun art, afin qu'estant vendus à plus vil prix, ils puissent esperer d'estre quelque iour plus facilement rachetez.

Ils sont promenez l'vn apres l'autre en ces Marchez par certains Facteurs, pour ne pas dire, Maquignons de Chrétiens, qui vont crians, à plein gosier, plusieurs fois, *Arrache, Arrache, Arrache,* qui le veut acheter? prisans leur marchandise le plus qu'ils peuuent, disans, *es Cavalliero, Calfat, Mestre d'Arache.* Il faut que le miserable Captif suive cet infame Vilain comme vn chien d'attache, mesmes qu'il se mettre sur sa bonne mine & fasse beau visage, quoyque son cœur soit navré à mort d'avoir tout perdu par la perte de sa liberté, & qu'il y ait peut-estre plus de trois semaines ou vn mois qu'il n'a mangé moitié son saoul de gros bif-cuit tout moisy & remply de vers, luy qui avoit accoûtumé en son Païs de boire

& mãger quãd il en avoit besoin. Les Turcs, les Renegats, les Maures & Barbares de toutes conditions, mesme les Iuifs, ne manquent pas à se trouver là pour faire quelque bon Achapt d'hommes, & bien employer l'argent qu'ils ont desja gagné à ce negoce inhumain. Ils considerent exactement ce malheureux ainsi qu'vn cheval, luy visitent le corps en toutes ses parties sans aucune pudeur, regardent aux mains si elles sont endurcies au travail, ou non; aux dents, s'il pourra bien manger les croûtes de biscuit sur mer. Il arrive bien souvent, helas! que le Pere voit vendre ses Enfans, l'vn à vn Turc, l'autre à vn Maure ou à vn Iuif, qui les emmenent l'vn d'vn costé, l'autre d'vn autre, & enfin se voit vendre soy-mesme à quelque détestable Renegat qui l'emmeine pareillement ailleurs, sans esperance de se revoir peut-estre jamais. C'est de quoy nous avons esté quelquefois témoins, les larmes aux yeux. O tristes, ô pitoyables Adieux en ces mortelles separations! que de pleurs! que de sanglots! que de soupirs!

Chacun dispose de son Esclave à sa fantaisie, & l'employe selon son caprice, ayant obtenu sur luy tout pouvoir, mesmes celuy de vie & de mort par l'Achapt qu'il en a fait. Les vns sont envoyez aux Maceries ou métairies, pour y estre macerez à labourer les terres & cultiver les jardins, à la veuë de leur Tyrans, qui à tout moment les traitent de chiens, de Iuifs, d'Infideles, & autres injures ordinaires: les accablent de bastonnades & bourreleries avec mille imprecations; & pour empescher seulement qu'ils ne meurent de faim, ne leur donnent par jour que deux petits pains ronds, sans levain, mal cuits, & si bis, que les chiens n'en mangeroient pas. Voila la bonne chere qui se fait à ceux qui ne vont point en Mer. Il faut remarquer que ceux qui ne sont point Esclaves de Galeres, ne portent la chaine que suivant que les Patrons ou Maistres sont plus ou moins cruels, de bonne ou de mauvaise humeur.

Les Captifs qui sçavent quelque métier, sont obligez d'en travailler sans relâche pour satisfaire à l'Avarice insatiable des Patrons, qui en reçoivent tout le salaire, sans leur vouloir donner vne seule aspre ou bourbe de la valeur d'vn denier pour acheter quelque douceur pour ayder à manger leurs deux petits pains. Les autres sõt occupez à servir les Massons, à faire de la brique ainsi que les Israëlites en leur Captivité d'Egypte, à charrier des materiaux, tirans aux chariots comme des chevaux ou des bœufs; travail que l'on faisoit faire ces années dernieres en Alger, non seulement aux Sieurs Consuls, qui n'eſtoient pas Eſclaves, mais encore à dix huit Preſtres Captifs, tant Religieux, que Seculiers, ſans ſouffrir qu'aucun Eſclave Laïque, par vne reſpectueuſe compaſſion les aydaſt en façon quelconque aux plus difficiles paſſages, où ils demeuroient arreſtez.

Les Captifs fort âgez fōt l'Office de ſervātes dans les Maiſons, de meſme que les vieilles femmes Captives & les Negres. Celles qui ont de la beauté, certes, ſont les plus dignes de pitié; comme auſſi les jeunes Enfans de douze à vingt ans, car iour & nuit ils ſont martyriſez, s'ils ont aſſez de conſtance pour ne vouloir pas s'abandonner à des abominations & pechez, qui firent deſcendre le feu du Ciel ſur Sodome & Gomorrhe, auſquels ces Méchans ſont diaboliquement adonnez, ainſi qu'à tous les autres de chaque eſpece. Pour ce qui eſt des petits Enfans, on les fait tous inſtruire à la fauſſe Loy de Mahomet.

Enfin les plus robuſtes Captifs ſont deſtinez pour les Galeres, dans leſquelles on les contraint de faire le métier de Forçats & de criminels pour écumer la Mer, courir ſur les Chrétiens, & le plus ſouvent encore prendre Eſclaves de leurs Parens meſmes, & de leurs Compatriotes. Ils ſont enchaînez en ces bâtimens de torture, de meſme que beaucoup d'autres sur terre, toûjours au moins d'vn pied; quand ils voguent & rament, ils sont nu-testes, nu-pieds, le corps tout nud & ruisselant de sueur; s'ils ont quelque moment de relasche, ils se couvrent de vieux lambeaux, qui leur pourrissent sur le dos, & mettent vn méchant bonnet en leurs testes. La nourriture qu'ils ont par iour, c'est vne petite poignée de biscuit noir, corrompu & tout en miettes; leur boisson, bien peu aussi d'eau pareillement gastée. Si le vent & la mer, ou pluſtost leurs Mesoüars, permettent qu'ils sommeillent quelqu'heure, c'est bien rarement, & encore ne se peuvent-ils qu'accouder vn peu sur leurs rames & leurs bancs; bref, leur travail est le moins insuportable de tous, & ne se peut concevoir qu'imparfaitement, encore qu'on se represente que lorsque ces derniers des Mal-heureux reviennent de course au bout d'environ deux mois, ils ne sont plus connoissables, ne paroissent plus que des cadavres, des squelettes & corps inanimez, les os leur perçans la peau, aussi noire que de l'encre des coups d'estrope & de baston qu'ils ont receus des cruels Comites, lesquels sont toûjours les plus inhumains de tous les Renegats, & tels que Solyman & Raget en Alger, qui passent pour des Furies d'Enfer. Nous ne parlons point de ceux qui reviennent de ces courses pernicieuses & funestes, sans nez, sans oreilles, estropiez & balafrez : ny de ceux qu'on a cruellement massacrez & jettez en la mer pendant la chaleur du combat, pour donner de la terreur aux autres, ou les faire mieux bander les nerfs. Ces cruautez donnent trop d'horreur pour en dire davantage.

Les Galeres vont en course depuis le Printemps, jusqu'à l'Hiver, que l'on renclost dans les cachots & prisons les Victimes qui ont esté immolées en ce voyage à la fureur des monstres marins leurs Conducteurs : & de jour on les employe à toutes sortes d'ouvrages, comme à faire des Fortifications aux Villes, à aller aux forests coupper des bois, les querir & apporter sur leurs épaules pour la construction de quelques Navires, Galeres, & autres Bastimens de Piraterie. Il faut avoüer que nous aurions peine à le croire si nous ne l'avions veu en Alger: les Captifs de Galeres & quelques autres aussi des plus forts, sont contraints d'aller ainsi coupper, scier & tailler des bois & les querir sur le dos, jusqu'à 40. ou 50. voire-mesme 60. lieuës loin, nonobstant les chaleurs & froidures excessives des saisons, pardessus des Montagnes & Rochers presqu'inaccessibles, & leur avons oüy dire, qu'ils preferoient la gehenne de la Galere à celle-là, & que de soixante que l'on y envoya dudit Alger il n'y a pas long-temps, il y en perit iusqu'à vingt de peines & de fatigues.

Nous ferions icy volontiers le denombrement de ceux qui ont souffert la mort par plusieurs genres de suplices aux deux Villes de Tunis & d'Alger, où nous avons fait la Redemption, tant és années que nous y avons esté, qu'aux precedantes, n'estoit que le Martyre du Venerable Frere Pierre de la Conception nostre Confrere, descrit au Chapitre dixiéme, est vn suffisant échantillon de la cruauté de ces Barbares.

Mais, ce qui est plus de'plorable, c'est que tous les pauvres Captifs Catholiques ne sont pas seulement privez de la liberté des biens de fortune, & de celle de leurs corps, mais encore (presque tous) de la liberté de Conscience & de la grace, c'est à dire, qu'ils ne peuvent pas librement s'acquiter des devoirs de la Religion Chrestienne; car, par exemple, si les Turcs travaillent mémes pendant leur Iour solemnel de la naissance du faux Prophete Mahomet, il ne se faut pas estonner s'ils ne donnent ny Festes ny Dimanches à ces Enfans de l'Eglise Catholique. C'est vn grand bon-heur, quand, lors qu'ils sont dans les Villes, ils peuvent quelquefois assister à la Sainte Messe, qui ne se celebre point par aucun Prestre gagé, car comme il n'y a pas de Paroisses en ce Païs-là, il n'y a pareillement ny Curez ny Vicaires, mais seulement par quelque Prestre Seculier ou Religieux Captif, & aussi affligé qu'eux, en vn petit coin des prisons, cela estant toleré, moyennant que l'on paye vn gros tribut aux Patrons, aux Bourreaux & autres; & ce, de crainte que se voyans entierement privez d'vn si grand bien, ils ne se desesperent, & qu'ainsi l'argent qu'ils ont coûté & celuy que l'on preténd gagner à les revédre, ne soit perdu.

Quant à l'vsage des Sacremens, pour vn Captif qui les frequente, lequel on admire comme s'il estoit confirmé en la Grace de Dieu, il y en a cent autres qui ne veulent point en aprocher; mesme nous ne gagnions presque rien de les y exhorter sans cesse en Alger pendant cinq mois que nous y avons esté détenus injustement : ils disoient pour excuse, qu'ils auroient crû commettre Sacrilege de les recevoir, à cause de l'occasion prochaine où ils estoient continuellement d'offenser Dieu par de frequentes recheutes dans les mesmes pechez, dont ils auroient promis de s'abstenir, aidez de la Grace Divine. C'est encore vn sujet pourquoy il arrive tous les iours, que plusieurs, qui ont l'ame glacée, aveugle & endurcie, renient la Foy de leur

Saint Baptéme, & font Profession du Mahometisme, quoyque ce soit aussi sous quelque esperance d'éviter les mauvais traitemens, & de se pouvoir plus commodément sauver en terre Chrestienne : ce qui est cependant vne illusion du Demon, car incontinent apres ils ne s'étudient qu'à mener la vie libertine des autres Renegats, qui se disent l'vn à l'autre, *Bevar, mangar, no pillar fantasia*, ou à se montrer zelez en leur Perversion, peur qu'on ne se doute de leur dessein : ainsi peu à peu ils oublient Dieu, perdent la memoire du Christianisme, & meurent enfin mal-heureux dans leur abominable Apostasie. Le nombre de ces miserables en Alger & Tunis seulement, est de plus de quinze mille.

Il y en avoit deux à Alger, qui ayant esté surpris se vouloir sauver, furent promenez tous nuds par la Ville, ayant chacun quatre chandeles ardantes, deux sur la poitrine, & deux sur les épaules, dans quatre playes faites avec vn couteau entre la chair & les os, & recevans à chaque pas les grands coups de nerfs de bœuf, furent conduits hors de la Ville, où l'vn & l'autre fut muré tout debout jusqu'au menton en quatre pieds de circonference, avec chaux & briques. L'vn mourut au bout de vingt-quatre heures, & l'autre, estant encore en vie, fut démassonné par les sollicitations de ses femmes, qui remontrerent au Divan, que c'estoit vn signe de son Innocence ; à condition neanmoins, qu'au temps à venir il vivroit en bon Mussulman & ne s'enfuyroit plus ; dequoy il donna de belles promesses. Il s'appelle Beran & est vn Lapidaire Alemand, qui fait quelquefois si bien l'hypocrite, qu'il dit secretement avec ses semblables, lesquels sont en cette erreur, qu'il ne laisse pas d'estre tousiours bon Chrétien en son cœur & en son ame, comme si vn bon Soldat ne devoit pas confesser son Roy de bouche, aussi bien qu'en son cœur. *Corde creditur ad Iustitiam, Ore autem confessio fit ad salutem.* C'est de cette maniere, ou d'vne autre autant ou plus cruelle, que l'on traite en Barbarie tous les Renegats & les Esclaves fugitifs, lors qu'ils sont repris.

Or n'entreprenons pas l'infini en voulant parler plus au long des miseres ausquelles sont reduits les pauvres Captifs, car il y auroit presqu'autant de peine à en ouyr le recit, qu'à les endurer ; voyons plustost les moyens d'en sortir, prians le Lecteur d'avoir recours aux Histoires pour ce qu'il desireroit aprendre de surplus.

CHAPITRE DOVZIE'ME.

Moyens aux Captifs pour sortir de leurs miseres.

Quand nous-nous sommes souvenus, qu'il y avoit autrefois au monde quatre Labyrinthes, qui estoient des lieux pleins de tant de tours & de retours entrelassez les vns dans les autres, qu'aprés y estre vne fois entré, il estoit en quelque façon impossible d'en ressortir; il nous est venu en la pensée, que la Captivité de Barbarie estoit vrayment vn cinquiéme Labyrinthe, parce qu'en effet, il est tres-difficile aux Esclaves d'en sortir y estant tombez. Ils ne le peuvent que par la fuite, ou par le Rachapt.

La fuite ne se sçauroit entreprendre que par mer, ou par terre. Or elle est presqu'impossible par mer, dautant que le traiet pour passer en terre Chrestienne, est grand & qu'il faudroit avoir vn Vaisseau pour le faire, lequel ne se peut pas trouver, car ceux des Turcs sont trop bien gardés le iour & la nuit, pour estre surpris par des personnes Esclaves. De se sauver à la faveur de quelque Navire Chrestien,

Chrestien, qui fortuitement iroit la trafiquer, le Marchand qui seroit trouvé avoir embarqué de la sorte vn Captif, seroit mis à mort, son Navire perdu avec sa marchandise, & le Captif au meilleur marché, mangeroit à bon compte, comme ils disent, estant pillé à bas, les cinq cens coups de baston, peut-estre bien mille, ou quinze cens, estant vray que tout ce nombre de bastonnades a esté digeré par des Esclaves qui l'avoient mangé chacun à part en vne seule fois tout entier sans en mourir, quoy que le sang leur sortit par la bouche, par les narines, & par les oreilles, & que leur corps fust tout rompu sans y rester vne seule place de chair vive; bien qu'il s'en trouve peu, qui ayent à ce compte l'estomac meilleur que celuy d'Autruche, qui est vn oyseau, lequel digerant le fer, ne pourroit pas neanmoins digerer tant de cette viande Turquesque & Barbare.

Nous n'avons point reconnu en ces Infideles de vraye liberalité, si ce n'est de telles bastonnades, dont ils ne sont pas mesme chiches les vns envers les autres, au moindre suiet; car les marques qu'elles impriment sur le corps, sont bien des signes de douleur, mais non pas des notes d'infamie. Si le Day ou Roy de Tunis, si le Bacha ou Lieutenant du Grand Sultan aussi de Tunis, & le Bacha

O

d'Alger avec son Aga ou Maistre de Camp, sont privez eux seuls du droit de recevoir ces liberalitez, ce n'est que pour estre sujets à la furie des Soldats, qui sont environ douze mille à Tunis, & vingt mille à Alger, lesquels empoisonnerent à Tunis en 1666. leur Day, & à Alger en 1661. au mois de Septembre coupperent la gorge à Ramadan Bacha, & à 28. Mesulagas ou Conseillers du Divan, pour n'avoir pas gardé la Iustice en leur endroit, puis se firent vne autre Bacha, lequel au bout de trois iours ils jetterent dans vn profond cachot. Cet exemple suffira icy pour tous les autres, qui estans sans nombre, sont encore autant de preuves convincantes d'vne extréme cruauté de ces Turcs envers les Chrestiens, puis qu'ils sont si Barbares à l'endroit d'eux-mesmes.

Pour faciliter la fuyte des Captifs sur quelques Vaisseaux marchands, il ne faudroit pas qu'on les allast diligemment visiter avant leur sortie des Ports, ny qu'on retint leurs voiles enfermées jusques à ce temps-là. S'il y en a eu qui se soient quelquefois échapez avec de petits bateaux de rames, c'est bien hazard s'ils sont arrivez à bon port, pour ce que le naufrage de tels esquifs en vn long trajet, est quasi inévitable ; outre que les forces pour ramer sans cesse manquent ainsi que les vivres.

Par terre, le chemin seroit trop long pour se rendre en leurs Pays; puis encore les Patrons font courir apres eux à l'instant qu'ils s'aperçoient de leur évasion, & vsent de plusieurs sortileges & enchantemens pour les obliger, par des fantômes & spectres horribles, à revenir, aussi bien que lors qu'ils les prennent sur mer. De plus, les Arabes & Paysans, gens de rapine, qui les auroient à la rencontre, les assommeroient comme en sacrifice à leur Mahomet, ou au moins, les remeineroient à leurs Maistres, pour avoir la taxe qui se paye indispensablement à tous ceux qui remeinent ainsi les fugitifs. S'ils eschapoient les Sarrasins & Arabes, ils ne se pourroient peut-estre pas défendre de nuit contre les Lions, Tygres, Leopards & autres bestes ravissantes & feroces qui les devoreroient. D'ailleurs, il faudroit sçavoir les chemins, avoir de quoy vivre, passer les rivieres, sans parler d'vne infinité d'autres obstacles & empeschemens.

Le meilleur Moyen donc, pour sortir des Miseres de l'Esclavage des Barbares, c'est le Rachapt ou Redemption, qui toutefois ne peut pas reüssir sans beaucoup de difficultez; car il faut en premier lieu de grandes sommes de deniers, que les Parens des Captifs ne peuvent pas facilement trouver, pour estre pauvres, ou pour avoir perdu leurs biens, qui estoient peut-estre tous embarquez sur le Vaisseau où le Captif a esté pris, & où il a aussi perdu tout ce qu'il avoit vaillant avec le tresor de sa liberté. Secondement, aprés que toute vne famille se sera ruïnée à faire des emprunts pour la Redemption de son Parent, il est impossible, quoy que l'on fasse, de ne pas courir les risques de perte en les envoyant par mer en Barbarie, ou les y portant soy-mesme. On a veu souvent qu'vn Pere y allant pour faire le Rachapt de son Fils, & que le Fils reciproquement y allant pour faire celuy de son Pere, est tombé luy-mesme en Captivité; ainsi d'vn mal il en arrivoit deux.

Si l'on envoye la rançon par quelque Marchand qui aille negotier en ce païs-là, il y en a tres-peu de fideles, plusieurs trompeurs & de mauvaise foy, de mesme que les Barbares. (Ces Marchands-là s'apellent cõmunément Mores-blancs, qui vendent & achetent des marchandises de contrebande & défenduës, & qui vendroient leur propre Pere aux Barbares, s'il estoit sur leur bord; (aussi sont-ce tous Iuifs qui trafiquent à Tunis & à Alger, au moins pour la plufpart.) Quand on donne à cette sorte de fourbes quelqu'argent pour racheter vn Captif & le ramener en son païs, ils promettent monts & merveilles, recevant l'argent, par apres ils le mettent en achat de telles marchandises qu'ils peuvent, & au retour de leur voyage, ils font accroire qu'ils n'ont pas trouvé l'Esclave, qu'il estoit aux montagnes, ou en course à la mer; qu'ils retourneront dans peu de tems & le rameineront. En vn mot, ils trouvent tant d'échapatoires, qu'à la fin le pauvre Captif perit & meurt de miseres, & si tout l'argent ne leur demeure pas, du moins en faut-il perdre la plus grand partie pour retirer l'autre.

C'est pourquoy la meilleure Esperance des Captifs, qui en toute la Barbarie sont jusques au nombre de plus de soixante mille, doit estre aux Religieux de l'Ordre de la Tres-Sainte Trinité, lesquels de temps en temps y arrivent pour en faire la Redemption, ainsi que nous avons montré cy-devant (au Chapitre 6.) que ledit Ordre a fait depuis son Institution, & (aux deux Relations suivantes) qu'il a encore fait depuis peu par nostre petit ministere, bien que nous ne soyons que Serviteurs inutiles, & seulement Imitateurs des Grands Hommes qui nous ont precedés en ce Sacré Commerce; de quoy, comme aussi de ce petit Tableau de Pieté envers ces mesmes Captifs, la Gloire soit au Pere, au Fils, & au Saint Esprit. *Non nobis, Domine, non nobis, sed Nomini tuo da Gloriam.*

F I N.

LES NOMS DES CAPTIFS rachetez à Tunis & en Alger és années 1666. & 1667. ausquels on a donné à Paris la precedente Attestation, qui est en la page 145. (excepté ceux qui sont demeurez en chemin.)

FRANÇOIS POMIER, âgé de 60. ans, natif de Mâcon, a esté Captif 44. ans

YVON ALBERT, âgé de 55. ans, natif des Sables d'Ollone, captif 10. ans.

GUILLAUME CHENOT, âgé de 52. ans, natif de Teinteniot, captif 30 ans.

CLAUDE VAQUETTE, âgé de 45. ans, natif d'Antibes, captif 18. ans.

FELIX BEGA, âgé de 40. ans, natif de Nogent Sur Seine, captif 15. ans.

LOUIS BUET, âgé de 50. ans, natif des Sables, captif 17. ans.

OLIVIER GAUTEL, âgé de 60. ans, natif de Lamicon, captif 38. ans.

GERMAIN DE LA FOSSE, âgé de 32. ans, natif du Havre de Grace, captif 7. ans.

IBAN SABLON, âgé de 30. ans, natif du Havre de Grace, captif 5. ans.

IACQVES DE LA PORTE, âgé de 20. ans, Parisien, captif 3. ans.

GVILLAVME LE MAISTRE, âgé de 33. ans, natif du Havre de Grace, captif 7. ans.

THOMAS AVERTY, âgé de 36. ans, natif de Nantes, captif 5. ans.

DANIEL CORDIER, âgé de 24. ans, natif de Honfleur, captif vn an.

MARCIAL CONSTANT, âgé de 25. ans, natif d'Ozion, captif vn an.

MATVRIN THIEBAVLT, âgé de 50. ans, natif de Saint Malo, captif vn an.

MICHEL VANARDIC, âgé de 38. ans, natif de Dunquerque, captif vn an & demy.

ANGE PRVNET, âgé de 44. ans, natif de Dunquerque, captif 7. ans.

IACQVES DVBRAY, âgé de 39. ans, natif de Dunquerque, captif 9. ans.

ESTIENNE FRANCO, âgé de 34. ans, natif de Sainte Eruelle, captif 6. ans.

MAILLARD VVAN, âgé de 32. ans, natif de Cassel, captif 7. ans.

DOMINIQVE BOSEAV, âgé de 53. ans, natif de Flourebet, captif vn an.

GVILLAVME CLEMENT, âgé de 40. ans, natif d'Armentier, captif vn an & demy.

CHARLES BVQVE, âgé de 45. ans, na-

Envers les Captifs. 217

tif de Mallones, captif 13. ans.

François Iacques, âgé de 22. ans, natif de Valencienne, captif vn an.

François Crvsales, âgé de 33. ans, natif d'Ostande, captif 7. ans.

Gaspard Vlacminc, âgé de 21. an, natif d'Ostande, captif 18. ans.

Nicolas Posmé, âgé de 52. ans, natif d'Anvers, captif 12. ans.

Iean Berget Pelet, âgé de 44. ans, natif de Bruges, captif vn an.

François Daniel, âgé de   ans, natif de l'Isle, captif

Charles Mignon, âgé de 44. ans, natif de Paprin, captif 6. ans.

Iean Blaise, aagé de 55. ans, natif de Louvain, captif vn an.

Maillard Normantin, aagé de 46. ans, natif de Remnie, captif vn an.

Gvillavme Strangves, aagé de 23. ans, natif d'Onscot, captif vn an.

Iacqves Vanrossine, aagé de 50. ans, natif de Marie Querque, captif 7. ans.

Iean de Latine, aagé de 33. ans, natif de Senaquerque, captif 18. mois.

Iean Fils, aagé de 10. ans, natif de Malines, captif vn an.

François Dvboys, aagé de 20. ans, natif d'Oudenarde, captif vn an.

IACQVES VRANNOCKEN, aagé de 26. ans, natif de Malines, captif vn an.

CHRESTIEN VANDEBERTE, aagé de 44. ans, natif d'Onscot, captif deux ans.

GILLES STRINE, aagé de 55. ans, natif d'Ostande, captif 14. mois.

IACQVES PHILIPE BARRE', aagé de 33. ans, natif d'Onscot, captif 7. ans

PIERRE MOCAN, aagé de 33. ans, natif de Bruxelle, captif 7. ans.

IEAN ARTEMAN, aagé de 16. ans, natif de Stalbronque, captif vn an.

HENRY LE FEVRE, aagé de 44. ans, natif de Bruye, captif 7. ans.

NICOLAS BERTRAN, aagé de 26. ans, natif d'Ostande, captif 5. ans.

PIERRE HORTIVERTY, aagé 37 ans, natif de Namur, Captif 8. ans & demy.

IEAN VAVDEBERGE, aagé de 12. ans, natif d'Ostande, captif 20. mois.

IACQVES DVVOS, aagé de 32. ans, natif d'Ipres, captif 3. ans.

IEAN TRIOLON, aagé de 40. ans, natif des Sables d'Ollonne, captif 5. ans,

OLIVIER GAVVIN, aagé de 38. ans, natif de Saint Malo, captif 4. ans.

MATVRIN DEVANT, aagé de 24. ans, natif de Tours, captif 2. ans

YVON COSSE, aagé de 40. ans, natif

d'Audierne, mort à Alger.

Eſtienne Chaſlon, aagé de 45. ans, natif des Sables, captif cinq ans.

Guillaume de la Mare, aagé de 40. ans, natif du Havre de Grace, captif 5. ans.

Michel Nicolet, aagé de 32. ans, natif de Viennes, captif 3. ans.

Eſtienne Dorain, aagé de 37. ans, natif des Sables, captif à Salé 30. mois.

Laurens Bigle, aagé de 38. ans, natif de Paris, captif à Salé 30. mois.

George Lebrun, aagé de 30. ans, natif du Havre de Grace, captif 8. ans.

Antoine Gabriel, aagé de 30. ans, natif de Marſeille, captif vn an & demy.

Servant Torſel, aagé de 28. ans, natif de Saint Malo, captif 2. ans.

Maturin Chouiteau, aagé de 50. ans, natif de Saint Gilles Dioceſe de Luçon, captif 2. ans.

Iean Baudoüin, aagé de 40. ans, natif de Rombar, dioceſe de Mets, captif 3. ans.

Iean Droüart, aagé de 25. ans, natif de Tierceville, Dioceſe de Roüen, captif 3. ans.

Antoine Raudein, aagé de 15. ans, natif de la Ciouta, Dioceſe de Marſeille, captif 3. ans.

Denys Planſon, aagé de 35. ans, natif de la Rochelle, captif 2. ans.

Louis Baudon, aagé de 25. ans, natif de Ciſſonne, Dioceſe de Laon, captif 2. ans.

Guillaume de Roulin, aagé de 34. ans, natif de Honfleur, Dioceſe de Liſieux, captif 8. ans.

Guy Iacob, aagé de 26. ans, natif de Pontrieux, Dioceſe de Triquier, captif 13. mois.

François Giron, aagé de 24. ans, natif de Saint Malo, captif 8. ans.

Claude Gaſteau, aagé de 26. ans, natif de Dammarie, Dioceſe de Sens, captif 3. ans.

Iacques Chabert, aagé de 15. ans, natif de Martigues, Dioceſe d'Arles, captif 3. ans.

Iean Marion, aagé de 40. ans, natif de S. Malo, captif 13. ans.

Lazare Canaple, aagé de 17. ans, natif de la Ciouta, Dioceſe de Marſeille, captif 2. ans.

François Charin, aagé de 42. ans, natif de Lyon, captif 6. ans.

Bernard Guerrard, aagé de 50. ans, natif de Marſeille, captif 14. ans.

François Regnault, aagé de 50. ans, natif de S. Iuſte, Dioceſe de Xaintes, converty à la Foy apres ſon Rachapt, captif 25. ans.

Iean Maior, aagé de 30. ans, natif d'Ambourg en Flandres, converty à la Foy apres ſon Rachapt.

Envers les Captifs. 221

Thomas du Monstier, aagé de 40. ans. natif de Caen, Diocese de Lisieux, captif 5. ans.

Regnauld Reboux, aagé de 45. ans, natif du Martigues, Diocese d'Arles, captif 5. ans.

François Avignon, aagé de 50. ans, natif de Grenoble, captif 14. ans.

Iean Toutin, aagé de 35. ans, natif de Dieppes, Diocese de Roüen, captif 2. ans.

Pierre le Maistre, aagé de 14. ans, natif d'Agde en Languedoc, captif à Tripoly de Barbarie, donné par present à vn Chaoux du Grand Turc passant par là pour venir en Alger demander du secours pour prendre la Candie, captif 3. ans.

François Farnoul, aagé de 50. ans, natif de Marseille, captif 5. ans.

Dominique Gaudin, aagé de 36. ans, natif de Lyon, captif 5. ans.

Thomas Robin, aagé de 35. ans, natif de Dieppes, Diocese de Roüen, captif 2. ans

Martin Aubertin, aagé de 26. ans, natif de Chaalons en Champagne, captif 3. ans.

François Franquet, aagé de 35 ans, natif de Vitry-le-françois, Diocese dudit Chaalons, captif 3. ans.

Henry Culot, aagé de 35. ans, natif de Fismes, Diocese de Rheims, captif 3. ans.

Philippe Rigaud, aagé de 45. ans, natif de

Claude Lemaître, natif de V. veus, Diocese de Chaalons, racheté 1200# 1673 par le

S. Malo, captif 9. ans.

Iacques Mercier, aagé de 23. ans, natif de l'Isle-Dieu, Diocese de Luçon, captif 2. ans.

Estienne Clement, aagé de 37. ans, natif de Paris, captif 2. ans.

Iean Fouchet, aagé de 40 ans, natif du Havre de Grâce, Diocese de Roüen, captif 8. ans.

Nicolas Fidelin aagé de 25 ans, natif de Fécan, Diocese de Roüen, captif 8. ans.

Iean Barré, aagé de 40. ans, du Village de la Rochelle d'Auranches, captif 4. ans.

Maturin Laurens, aagé de 42. ans, natif de Pornix, Diocese de Nantes, captif 8. ans.

Iean Orsonneau, aagé de 26. ans, natif de l'Isle-Dieu, Diocese de Luçon, captif 6. ans.

Michel Dubourg, aagé de 36. ans, natif de Grand-Camp, Diocese de Bayeux, captif 3. ans.

Iulien Eon, aagé de 28. ans, natif de S. Malo, captif 4 ans.

Marin Commarsel, aagé de 40. ans, natif de Paris, captif 3. ans.

Iean Garnier, aagé de 35. ans, natif d'Auxerre, captif 3. ans.

Antoine Herardot, aagé de 28. natif de Dijon, Diocese de Langres, captif 3. ans

Pierre Vincent, aagé de 20. ans, natif de Saint Malo, captif 2. ans.

Yvon Even, aagé de 35. ans, natif de Brehat, Diocese de Dol en Bretagne, captif 9. ans.

Pour accomplir le nombre de cent quinze Captifs par Nous rachetez & débarquez à Marseille aux années dernieres 1666. & 1667. comme il est dit aux deux Chapitres des Relations cy-dessus, il en faudroit encore adioûter onze à ce Role; mais dautant qu'il plût au Roy de les faire retenir audit Marseille pour servir sur ses Vaisseaux, en qualité de Maîtres Matelots fort experimentez, nous n'avons pû dresser de Catalogue exact de leurs noms, aages, Pays, & Dioceses, ny du temps de leur Captivité, pour les inserer icy avec les autres.

Fin du Catalogue des Noms des Captifs.

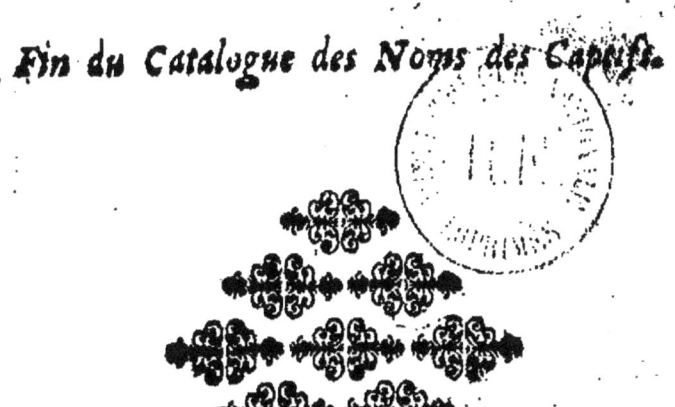

Fautes survenuës à l'Impression.

Page.	Ligne.	Faute.	Correction.
6.	23.	Companie	Campanie.
7.	24.	suberbes	superbes;
9.	11.	reatures	Creatures.
9.	21.	Orthoxe	Orthodoxe.
26.	1.	vauoüer	avoüer.
32.	16.	antant	autant.
35.	21.	éioüy	réjoüy.
38.	23.	quand	quant.
42.	15.	reciproques	reciproque.
56.	19.	Baleates	Baleares.
67.	12.	*quolibet*	*quoslibet*.
79.	22.	Gory	Dilou.
82.	13.	toure	toutes.
91.	21.	Syvelle	Sylvelle.
92.	13.	dnné	donné.
96.	9.	trembcement	tremblement.
96.	16.	l'fle	l'Isle.
101.	28.	qu'aussitost	aussitost.
112.	25.	cur	cœur.
160.	28.	Monsieur	Monseigneur.
167.	9.	rlantique	thlautique.
169.	27.	chamaller	chamailler.
185.	6.	vn	vne.
202.	16.	insuportable	suportable.
210.	10.	par	pas.

www.ingramcontent.com/pod-product-compliance
Lightning Source LLC
Chambersburg PA
CBHW071909160426
43198CB00011B/1227